Serge Kevin BIYOGHE

Paul Mba Abessole

Serge Kevin BIYOGHE

Paul Mba Abessole

Chronique d'un guerrier fang déchut

Éditions Muse

Imprint
Any brand names and product names mentioned in this book are subject to trademark, brand or patent protection and are trademarks or registered trademarks of their respective holders. The use of brand names, product names, common names, trade names, product descriptions etc. even without a particular marking in this work is in no way to be construed to mean that such names may be regarded as unrestricted in respect of trademark and brand protection legislation and could thus be used by anyone.

Cover image: www.ingimage.com

Publisher:
Éditions Muse
is a trademark of
Dodo Books Indian Ocean Ltd., member of the OmniScriptum S.R.L Publishing group
str. A.Russo 15, of. 61, Chisinau-2068, Republic of Moldova Europe
Printed at: see last page
ISBN: 978-620-2-29297-9

Serge Kevin BIYOGHE

PAUL MBA ABESSOLE

Chronique d’un guerrier fang déchut

Du même auteur

Pour un développement inclusif de l'Afrique, Edilivre, 2018.

Entre cinéma et industrie : L'Afrique à la remorque, Edilivre 2018.

Philippe Maury L'enfant unique du cinéma africain, Edilivre 2018.

Henri Joseph Koumba Bididi Le dernier nabab du cinéma gabonais, Edilivre 2018.

De la place du journalisme et de la responsabilité des médias dans la société, Edilire 2018.

P.E.A, Pierre-Emerick Aubameyang Naissance d'une légende, Edilivre 2018.

Un certain regard du Gabon, Edilivre 2017.

Cœur brisé, Edilivre 2017.

Face cachée ou correspondances oubliées d'un jardin secret, Edilivre 2017.

Souvenirs de mon premier festival, Edilivre 2016.

Paul Mba Abessole. Un nom dont beaucoup ont fait un programme politique.

Pour eux, plus ils l'auront sali, plus ils vont faire avancer le Gabon. Il faut savoir qu'aucun de ceux qui ont participé à l'avilissement du Gabon ne peut aimer son discours ni entendre parler de lui. A 79 ans, il est donc à l'âge où on doit être fédérateur des différences. Paul Mba Abessole doit être la lumière qui éclaire et la source qui désaltère. Il est né dans un village qui s'appelait Nyungako[1] II. Ce village était le deuxième qui portait ce nom dans le troisième canton du Komo Kango. Dans le même ordre d'idée, le chiffre deux est représenté par la lettre beit[2]. Et tout cela a une relation avec son initiation au Melan, l'initiation par excellence chez les Fangs.

Avant d'aller à l'école coloniale, il a appris à lire la langue fang avec son père qui était catéchiste. Il lit et écrit le fang couramment. A cela, il a ajouté ses études de linguistique avec spécialisation dans les langues africaines dont la méthode d'étude est spéciale. A ce propos la méthode de Saussure est inopérante pour ces langues.

Paul Mba Abessole a complété sa formation multidimensionnelle à l'université symbolique qu'il appelle **Université d'Akaméssatouck**. Il a eu comme maîtres : Manfred Mendame Ndong, de Keng-akok[3], Jean-Baptiste Mebiame de Sougoudzapville[4], Emmanuel Mba Allogo de Bolossoville[5], Paul Avine Minso de Ndzengayong[6], Martine Mendome d'Andock[7], Matthias Awong d'Abenelang[8], Albert Metembe de Nsia[9], Léon Anzele de Makokou[10], Vincent de Paul Nyonda de Fougamou[11], Jules Sandoungout de Franceville[12], Gabriel Evoung de Ntsengkele[13], Victor Mendume de Messè[14], Gabriel Beko

1 Ce nom est composé du nom **nyung** : arc-en-ciel et du verbe **e kohobe** : s'arc-bouter. Le nom signifie donc le village où l'arc-en-ciel est arc-bouté
2 B : Maison
3 G9 : Woleu-Ntem
4 G9 : Woleu-Ntem
5 G9 : Woleu-Ntem
6 G6 : Ogooué-Ivindo
7 G6 : Ogooué-Ivindo
8 G6 : Ogooué-Ivindo
9 G6 : Ogooué-Ivindo
10 G6 : Ogooué-Ivindo
11 G4 : Ngounié
12 G2 : Haut-Ogooué
13 G6 : Ogooué-Ivindo
14 G6 : Ogooué-Ivindo

d'Ayulmebang[15], Paul Ndong Minko de Nzafieng[16], Raphaël Obame de Bissobinlam[17], Nkoghe-Obiang de Nzamalighe[18], Paul Ntoma de Toulon[19], Boussougou de Mocabe[20], Ferdinand Moundounga de Moabi[21], Thérèse Zémo Zang d'Angone[22], Luc Oye de Nkang[23], Yves Evouna de Mbenga[24], Casimir Menye d'Afon[25], Raphaël Essaba de Sam[26], Mgr François Ndong de Libreville[27], Mgr Cyriaque Obamba de Lambaréné[28], Mgr Félicien Makouaka de Dibwangui[29], Mgr André-Fernand Anguilè de Libreville[30], Jean-Hilaire Aubame de Libreville[31], Omar Bongo Ondimba de Bongoville[32], les Mères Maria Pia de Libreville[33], Cécilia de Libreville[34], Clementia de Lambaréné[35], les Abbés Charles Aboghe Mba d'Engongom[36], Aloyse Eyeang Mintsa d'Andock Foula[37], Joseph Mintsa d'Angone[38].

Il a appris à connaître en profondeur les membres de sa famille. Il a obtenu un certain nombre d'informations sur chacun d'eux. Il sait qui est véritablement de son clan, de sa tribu. Il connait les enfants légitimes, adoptés et adultérins; il a été informé sur les circonstances de la naissance d'un bon nombre d'entre eux. Mais malgré cela, dans sa famille, personne ne regarde l'autre de haut. Ils ont reçu la même éducation qui leur a socialisée. Et ils se regardent comme des frères égaux.

Se surfaire ne change rien de ce qu'on est. La vérité, c'est la vérité, le reste n'est qu'habillage. Le grand-père de Paul Mba Abessole était un guerrier. Ce disant, il

15 G6 : Ogooué-Ivindo
16 G6 : Ogooué-Ivindo
17 G6 : Ogooué-Ivindo
18 G1 : Estuaire
19 G9 : Woleu-Ntem
20 G5 : Nyanga
21 G5 : Nyanga
22 G9 : Woleu-Ntem
23 G9 : Woleu-Ntem
24 G9 : Woleu-Ntem
25 G9 : Woleu-Ntem
26 G9 : Woleu-Ntem
27 G1 : Estuaire
28 G3 : Moyen-Ogooué
29 G4 : Ngounié
30 G1 : Estuaire
31 G1 : Estuaire
32 G2 : Haut-Ogooué
33 G1 : Estuaire
34 G1 : Estuaire
35 G3 : Moyen-Ogooué
36 G3 : Moyen-Ogooué
37 G1 : Estuaire
38 G9 : Woleu-Ntem

affirme qu'il a tué d'autres êtres humains, sinon on n'aurait pas dit qu'il était guerrier.

Ce qu'il dit de lui vaut aussi pour ses oncles Effack qui étaient de grands guerriers. Lui et eux étaient des tueurs d'hommes. Et l'on doit savoir que quiconque entre dans l'armée devient un tueur d'hommes en puissance, sinon, il ne serait pas soldat. On sait que, durant les guerres, on tue et torture souvent injustement. Mais il existe un accord tacite que tout le monde accepte. Il ne condamne pas la guerre a priori, mais il sait que c'est difficile d'en établir rationnellement la légalité et la légitimité.

Paul Mba Abessole a fait des études pour devenir prêtre dans l'Eglise Catholique, Apostolique et Romaine, en sachant bien qu'au cours de son histoire ancienne et contemporaine elle n'a pas toujours été une communauté d'amour, que ses serviteurs, depuis le sommet de la hiérarchie jusqu'à sa base, n'ont pas toujours été des exemples. D'ailleurs, Paul Mba Abessole n'attendait pas d'eux qu'ils soient ses modèles, une fois devenu adulte par ses études. Il a compris très tôt qu'un seul est modèle, c'est Jésus Christ. Ni les Papes, ni les Evêques, ni les prêtres ne sont des saints ou plutôt si, mais ils ne le sont que dans la mesure où Dieu leur a pardonné leurs péchés. Un saint n'est pas celui qui ne fait pas de péchés, mais celui à qui Dieu a pardonné ses péchés. Les critiques que l'on peut adresser à l'Eglise catholique ou à ses serviteurs n'ébranlent nullement sa foi, et il ne ferait brûler personne à cause de cela. Paul Mba Abessole croit être un homme libre. Mais il a des arguments, il s'y est préparé pendant des années pour répondre à nombre de critiques fondées et infondées contre cette Eglise. Il faut savoir défendre sa mère, même quand elle a tort. Un avocat ne défend pas un criminel, mais l'être humain qui est dans un criminel.

C'est le jeu démocratique. C'est comme ça que nous envisageons la transition la moins coûteuse. Seulement, s'il continue à faire comme il fait maintenant, les gens vont s'exaspérer et puis ils vont chercher d'autres moyens. Par principe, nous disons non à la violence. Il y a des gens qui parlent de coup d'Etat. Mais le peuple ne se sera pas prononcé une fois de plus. Il faut quand même qu'un jour, le peuple gabonais choisisse, puisse dire qui il veut au pouvoir. Il faut qu'on arrive à avoir des élections démocratiques.

Il y a des choses dont il faut prendre conscience. Nous voyons que le Gabon n'est pas un peuple. Mais le Gabon est fait de diversités. Il y a plusieurs ethnies. C'est malheureusement depuis l'indépendance une réalité qu'on n'a pas prise en compte. Nous savons très bien que quand on chasse la nature, elle revient au galop.

Aussi longtemps qu'un système politique gabonais n'a pas assumé la réalité ethnique, ça ne pourra jamais marcher. Il faut d'abord dire aux Gabonais: Vous avez le droit d'être différents. Ce qu'on appelle le droit à la différence, ce droit à la différence nous fait reconnaitre chaque ethnie dans sa spécificité, et instituer à l'intérieur du Gabon ce que nous appelons un Conseil communautaire. Ce serait donc une instance où des représentants de chaque ethnie, élus par la base, viendraient porter au niveau de l'instance politique les aspirations, les projets, les ambitions de chaque ethnie: Voilà, nous avons été élus par notre ethnie; voici ce que nous demandons au gouvernement, voici ce que nous demandons pour le Gabon. Et à partir de là, le Conseil communautaire ferait la synthèse de ces aspirations, pour faire un programme sociétal. Comment se font les élections à ce niveau-là ? Les élections se font à la proportionnelle; si une ethnie n'a que dix membres, eh bien on prend la proportion; ils seront représentés.

Quels seraient les droits de ce Conseil communautaire ? De prendre en considération et d'étudier les affaires, les options politiques, sociales et culturelles du pays. Les membres de ce Conseil communautaire devront être apolitiques: en ce sens qu'ils ne pourront pas militer dans un parti politique aussi longtemps qu'ils sont membres de ce Conseil communautaire. Parce qu'on voit les dangers des manipulations. Une fois qu'ils seront partis du Conseil communautaire, ils pourront réintégrer leurs partis politiques. C'est sur cette base-là que se décline la démocratie multipartiste.

C'est-à-dire la création dans un premier temps de cet ensemble qui est un peu l'équivalent du Sénat en France, une deuxième Chambre de pouvoir. Après les premières élections générales, toute formation politique n'ayant pas atteint le seuil des 5 % ne pourra pas être reconnu comme parti politique. Ceux qui n'auraient pas 5 % iraient rejoindre un autre groupe de leur choix, qu'ils devront faire connaitre avant d'autres élections. Il y a le problème de la loi de financement des partis. La loi devra empêcher une mainmise des groupes d'individus ou des groupes d'intérêts nationaux ou étrangers sur tous les partis politiques. Il faudrait qu'il y ait limitation des mandats. On voit des gens qui se présentent indéfiniment. On demande une juste participation des femmes dans les fonctions publiques, dans le gouvernement, dans le Conseil communautaire, dans l'Assemblée nationale.

Chacun son réseau, jusque dans son village. Notre action n'a de valeur que dans la mesure où le peuple doit se sentir concerné par ce que nous projetons. Alors si c'est simplement pour prendre la place des autres et continuer à faire comme eux, ça ne vaut pas la peine. Pour que nous fassions un changement, il faudrait que ce changement intègre le peuple, que ce changement se fasse avec les villageois.

Voilà donc le sens de la démocratie: reconnaissance de la différence, déjà en assumant cette différence qui nous est propre, naturelle, des ethnies. Que personne n'ait plus honte de se dire de telle ethnie. Que ce soit une réalité politique. En disant sa différence, qu'il reconnaisse également la différence des autres.

Rappelons que Paul Mba Abessole, figure emblématique de la lutte contre le pouvoir hégémonique d'Omar Bongo Ondimba dans les années 90, a officiellement pris sa retraite politique depuis le 29 octobre 2017[39] à l'issue d'un congrès de son parti, le RPG[40].

A près de 80 ans, l'homme qui avait enfilé un béret noir et pris une hache pour terrasser le baobab Omar Bongo Ondimba a finalement tourné la page sans atteindre son idéal. Omar Bongo Ondimba ne dirige certes plus le Gabon, mais son fils assure la continuité du système.

Les missiles cappas, les homélies et autres appels à la révolte populaire n'ont pas permis à l'ancien prêtre de déboulonner le système dont finalement il aurait été, de l'avis de beaucoup de gabonais, le meilleur protecteur au point où ce qui ont aveuglement cru à son combat sont devenus ses farouches ennemis. Affairiste, son ventre grossi. Sa tête aussi. Il écrase tous les contestataires du parti. Jusqu'au dernier jour, il a continué à faire le vide autour de lui. Laissant un parti sans commandant en chef.

Personne ne le pleure. Personne n'a des larmes pour les 45 ans de lutte politique de cet homme qui avait trahi le Vatican et qui en 1993 escamota les chances d'une réelle alternance au pouvoir au Gabon.

Après 45 ans de combat politique, l'ancien chef de l'antenne parisienne du MORENA[41] s'est donc retirer sur ses terres d'Ayeme-Awoula, dans le 3e canton du département du Komo-Kango. Pour la première fois au Gabon, un leader, fondateur de sa formation politique, a passé la main.

En effet, ni le leader du PGP[42], Pierre-Louis Agondjo Okawé, ni celui du

39 Mais cette retraite n'a été effective que le 9 janvier 2018
40 Rassemblement Pour le Gabon
41 Mouvement pour le Redressement National
42 Parti Gabonais du Progrès

MORENA, Simon Oyono Aba'a, et encore moins le fondateur de l'UPG[43], Pierre Mamboundou, ne s'était retiré de la direction de sa formation politique. On le voit encore aujourd'hui avec Léon Mbou Yembit, Premier secrétaire du FAR[44], qui préside aux destinées de cette formation politique depuis sa création en 1992, sans apparemment aucune intention de se retirer et de susciter la montée d'un autre leader.

Le scenario de la retraite politique de Paul Mba Abessole comporte, en principe, deux étapes: l'abandon d'abord de la présidence de son parti puis, à l'issue de la législature actuelle, le député du Komo-Kango et 5e vice-président de l'Assemblée nationale quittera la vie parlementaire.

Après les départs de plusieurs hiérarques ces dernières années, notamment Vincent Essone Mengué, Ebo Gnö, Paulin Obiang Ndong, Moubamba Nziengui, Béni Ngoua Mbina, le retrait de la vie politique du Pr. Mvélé, et l'exclusion de Raymond Placide Ndong Meyo, comme il l'avait annoncé au dernier congrès de son parti, le RPG, Paul Mba Abessole s'est retiré officiellement, mardi 9 janvier 2018, de la présidence de sa formation politique. Après des rapprochements multiples avec le pouvoir qu'il combattait pourtant dès 1990, l'ancien grand opposant n'était plus que l'ombre politique de lui-même. Après la énième déconvenue de la présidentielle d'août 2016 où il a terminé avant-dernier sur 10 candidats, il était temps pour l'ancien homme de Dieu, reconverti dans la politique, de quitter honorablement la scène politique.

Paul Mba Abessole a ainsi confié les clés du parti à quatre présidents qui auront la lourde charge de redynamiser ce parti qui a décidément perdu du poil de la bête avec le temps et les compromissions dans la Majorité présidentielle.

C'est donc une période de transition de quatre ans dénommée tétravalence qui s'ouvre pour ce parti qui a longtemps collaboré avec le président de la République Omar Bongo Ondimba et après sa mort, avec son fils Ali Bongo Ondimba qui lui a succédé à la tête du pays. Paul Mba Abessole avait fait de son parti un allié de poids du PDG[45], avant de revenir dernièrement à l'opposition fin 2016.

Le RPG a donc organisé la cérémonie de passation de charges entre Paul Mba

43 Union du Peuple Gabonais
44 Forum Africain pour la Reconstruction
45 Parti Démocratique Gabonais

Abessole[46] et Jean Nestor Nguema Mebane[47] dans le siège du parti sis à Petit-Paris, dans le 3e arrondissement de Libreville. Ainsi, l'ancien grand opposant gabonais a cédé son fauteuil à un quatuor[48] de présidents qui se succéderont chacun à leur tour pendant quatre ans jusqu'en 2021: Le vice-président Jean-Nestor Nguema Mebane pour 2018, le secrétaire exécutif Célestin Nguema Oyame pour 2019, le président du conseil communal de Libreville Laurent Angue Mezui pour 2020 et l'ancien secrétaire exécutif Benoît Mba Mezui pour 2021.

Cette actualité était l'une des principales décisions du 7e Congrès national ordinaire du parti, à l'issue duquel le RPG a vu Paul Mba Abessole se retirer de sa présidence.

Dans une dynamique tétravalente, le mandat politique qui commençait avec le retrait du Président Fondateur, Paul Mba Abessole, allait être géré de façon alternée. Pourquoi ce choix d'une présidence tournante ? Les prétendants n'ont pas réussi à se départager, et l'ancien président, pour éviter l'implosion, a favorisé la collégialité. Car n'ayant jamais trouvé de successeur, il sait être pragmatique. Cette solution lui permet de rester le garant de l'unité et de continuer à tirer les ficelles en coulisses.

En tout cas, quoi qu'on dise, son retrait de la vie politique marque un tournant dans l'histoire du RPG et du paysage politique gabonais.

Paul Mba Abessole a connu quelques victoires, de grandes victoires, comme celle de la mairie de Libreville conquise de haute lutte en décembre 1996 face au PDG. Il contrôlera alors l'Hôtel de ville et quatre des six arrondissements de la capitale gabonaise. Parmi les innovations qu'il apporta en tant qu'édile de Libreville, la plus emblématique fut la **Fête des Cultures**, un très beau rendez-vous des cultures du Gabon et de celles des communautés étrangères installées dans la capitale gabonaise. La **Fête des cultures** est un acte politique destiné à contribuer à l'unité du peuple gabonais. Elle est devenue, depuis sa création en 1996 à l'initiative de Paul Mba Abessole, un des grands rendez-vous culturels du pays. Pour lui, connaître son histoire personnelle et celle de son peuple est de la plus haute importance. C'est, eu égard à cette réalité, que ses amis du RPG et lui ont lancé l'idée de la **Fête des cultures** alors qu'ils étaient à la tête de la mairie

46 Président sortant

47 Président entrant

48 Un quatuor de militant de la première heure

de Libreville. Ils étaient partis du constat que les gabonais vivaient les uns à côté des autres. Il fallait donc changer cet état de chose. Ils devaient instaurer l'ère des échanges et de la construction de la nation gabonaise, l'ère de la convivialité.

Paul Mba Abessole fut également élu député du 2e arrondissement de Libreville en 2001, avant d'aller se présenter dans sa ville natale d'Ayem-Agoula[49] et de gagner, en 2011, lors des dernières législatives.

En effet, Paul Mba Abessole est né en 1939 à Ngnung-Ako à Kango, dans le département du Komo, province de l'Estuaire, au Gabon.

Il fait ses études supérieures en France dans la congrégation du Saint-Esprit et est ordonné prêtre le 30 juin 1968. Rentré au Gabon, il officie en tant que prêtre dans diverses paroisses du pays de 1968 jusqu'en 1976, il s'exile en France après cette date pour y poursuivre ses études soldées par l'obtention de trois doctorats: en théologie, en sciences religieuses et en linguistique à Paris X Nanterre et à l'Université Paris Sorbonne.

Critiquant le président Omar Bongo Ondimba et la politique du parti unique incarnée par le PDG, Paul Mba Abessole connait en 1973, alors qu'il est curé à Makokou, capitale provinciale de l'Ogooué-Ivindo, des démêlés avec le Général Mamiaka, Chef d'état-major de la gendarmerie nationale et pour échapper aux foudres de ce dernier, il quitte clandestinement Makokou pour la France via le Cameroun en 1976. Ensuite, il tente de se présenter à l'élection présidentielle gabonaise en 1979, mais il n'en aura pas la possibilité. En France, il se lie d'amitié avec le journaliste français Pierre Péan qui publiera en 1983 **Affaires africaines**, ouvrage dénonçant les relations franco-africaines. Il se lie aussi avec les opposants gabonais de Paris et fonde avec eux et quelques étudiants la division parisienne du MORENA de Simon Oyono Aba'a. Ce mouvement, fondé le 13 novembre 1981, fera renaître la contestation politique dans un Gabon sous régime du parti unique depuis 1967. Durant les années 1980, il devient le chef en exil du MORENA et milite pour un changement politique pacifique au Gabon.

Au cours d'une marche organisée en décembre 1981, les chefs du parti réclamèrent le retour du pluralisme politique au Gabon. La manifestation aujourd'hui désignée comme les événements de la gare routière fut brutalement réprimée par la police et les opposants arrêtés.

---

49 3e siège du département du Komo-Kango

Le début des années 1980 est particulier dans l'histoire politique et religieuse du Gabon. La succession d'événements tant politiques que religieuses entre novembre 1981 et février 1982, avec l'arrestation des membres du MORENA et la visite du Pape Jean Paul II, qui avait apporté un message d'encouragement au peuple gabonais, galvanisèrent Paul Mba Abessole.

Pour ce dernier, l'arrestation des morénistes incarnait le durcissement du joug dictatorial du régime de la Rénovation et son parti unique le PDG. La gravité de ces arrestations et les conditions des procès furent des éléments détonateurs de son engagement politique.

Cet engagement se manifesta auprès des jeunes Gabonais à Paris. Réunis sous le sigle de l'UPG, ils sollicitèrent Paul Mba Abessole pour qu'il mène avec eux une réflexion portant essentiellement sur la dégradation de la situation politique du Gabon caractérisée justement par l'affaire du MORENA.

Lors des premières rencontres, ces jeunes lui proposèrent d'être leur conseiller. Ce qu'il accepta. Durant toute l'année 1982, les contacts furent nombreux entre ces jeunes et Paul Mba Abessole. Lors des différentes rencontres, et pour rendre un hommage de gratitude à ceux qui étaient en prison à Libreville, les jeunes d l'UPG décidèrent de donner à leur mouvement le nom de MORENA. Un congrès fut envisagé pour préciser et fixer tout cela. Ce congrès eut lieu du 30 octobre au 1er novembre 1982 à l'hôtel Orléans Palace de Paris. Au terme des travaux la direction du mouvement, qui en réalité n'avait pas encore acquis une reconnaissance officielle, en tant qu'association politique, fut confiée à Paul Mba Abessole.

Même s'il déclare que cette promotion à la tête du MORENA à Paris n'était pas synonyme d'engagement politique. Il est difficile d'y voir autrement, d'autant plus qu'un mois avant la tenue de ce congrès, un autre événement, survenu à Libreville, encouragea Paul Mba Abessole à s'engager politiquement pour le MORENA. Cet événement supplémentaire était l'arrestation de l'abbé Noël Ngwa, qui affirme, de son côté, qu'il avait passé le flambeau à Paul Mba Abessole pour poursuivre la lutte à Paris. L'arrestation de l'abbé Ngwa et de son traitement furent donc déterminantes pour l'engagement de Paul Mba Abessole dans la politique politicienne avec sa prise de parole du 5 octobre 1982.

De ce fait, non seulement il accepta le poste de président du MORENA à Paris, mais il attira aussi l'attention des autorités religieuses et politiques française sur le fait que chaque société pour vivre et pour se développer, a besoin d'avoir en son sein une fonction critique. Tout le monde attendait, dans la situation du Gabon que ce soit l'Eglise qui assume cette responsabilité.

A Paris, où l'opposition au régime de la Rénovation se réorganisait, Paul Mba Abessole, conjointement avec un autre abbé Gabonais Joseph Mintsa mi Mbeng, élabora un document intitulé **L'Eglise et l'Etat en conflit ouvert au Gabon**.

Aux dires des deux prêtres en exil, l'emprisonnement de leur collègue l'abbé Ngwa procédait de cette dissension. Ils avaient écrit que le régime Bongo, cultive l'amalgame en feignant d'ignorer le très net cloisonnement entre l'Eglise et le pouvoir politique.

Cette confusion, selon les deux clercs, était manifestement entretenue lorsqu'on évoquait les motifs politiques pour discréditer tel ou tel prêtre auprès de ces supérieures. Ils affirmèrent aussi que les pratiques politiques du régime de la Rénovation avaient implicitement pour but de mieux transcender les moindres velléités et protestations de l'Eglise et qui pouvaient porter un coup dur au régime et, au-delà, remettre en cause l'assurance de réaliser ses projets nihilistes.

L'engagement politique de Paul Mba Abessole à partir de novembre 1982 se caractérisa donc par deux orientations. Il diffusa très largement dans les médias la nouvelle de l'arrestation de l'abbé Ngwa à Libreville et il s'attacha à l'organisation de l'embryon de l'opposition gabonaise à Paris.

Elu président de l'opposition gabonaise à l'issu du Congrès d'octobre à novembre 1982, au sein de l'UPG, il le demeura définitivement quand ce mouvement prit effectivement le nom de MORENA. Mais cette dénomination et le contenu de son esprit ne rencontrèrent pas l'assentiment des autorités françaises. Dans ces conditions, ils dénommèrent leur association Solidarité gabonaise, pour obtenir une reconnaissance légale.

L'officialisation de l'engagement politique de Paul Mba Abessole eut deux conséquences sur sa carrière religieuse. Premièrement, l'affectation à Brazzaville fut annulée. Ensuite, la Congrégation du Saint Esprit, à laquelle il appartient, souligna l'incompatibilité de son statut religieux avec ses activités politiques. Faisant la sourde oreille sa congrégation menaça de l'exclure au début de l'année 1983.

Parallèlement, à la poursuite de ses études, il menait à Paris une intense activité politique au point de devenir entre 1983 et 1989 le principal opposant connu du régime de la Rénovation vivant à l'extérieur. Par le canal de Solidarité gabonaise, il ne ratait aucune occasion, interviews et réunions publiques pour dénoncer la perfidie du régime. L'activité politique de Paul Mba Abessole avait fini par paraître insupportable aux autorités de Libreville.

Dès le mois de mai 1984, elles avaient demandé, par téléphone, au Père Haas, le supérieur spiritain qui l'hébergeait rue Lhomond de le mettre dehors. A cause de la réputation des chefs d'Etats africain dans la presse, particulièrement celui du Gabon dont le nom était cité dans des affaires de violences et même d'assassinats le Père Haas prit la menace au sérieux et il se sépara de Paul Mba Abessole qui végétait alors dans la capitale française.

Sans domicile fixe, il passait une nuit par ci, une semaine par-là, chez des amis européens, et vivait au jour le jour. Ces difficultés loin de le décourager le galvanisaient et le déterminaient davantage dans sa foi, dans la conviction et la justesse de son combat politique.

Exclu de sa communauté, n'ayant plus de moyens financiers pour vivre, Paul Mba Abessole était obligé de travailler. Il avait trouvé un poste dans l'enseignement comme professeur de français et de latin. Cette activité professionnelle hors du cadre de sa congrégation lui permettait de subvenir à ses besoins et de poursuivre ses activités politiques jusqu'à ce qu'en avril 1989 le régime entre en contact avec lui pour des négociations sur l'avenir politique du pays, notamment du parti unique.

Refusant toute négociation avec le pouvoir sans conditions préalables, dont le multipartisme, il accepte finalement en mai 1989 de rencontrer pour une semaine à titre privé, le président Omar Bongo Ondimba qui souhaitait affirmer une inclination réformiste. Il est, à cette occasion, traité plus comme un dignitaire en visite que comme le leader d'un parti politique dissous; Omar Bongo Ondimba lui dit qu'il serait prêt à considérer les réformes qu'il propose. Cette attitude conciliante aurait dérangé certains tenants de la ligne dure du PDG. À la suite de cette visite, Paul Mba Abessole revient définitivement au Gabon en novembre 1989.

A la suite de la Conférence nationale de mars-avril 1990, le président Omar Bongo Ondimba lui propose le portefeuille de la Justice dans un gouvernement de transition dirigé par Casimir Oye Mba. Il le refuse. Ce fut Cécile Nkama, Magistrat et militante de son parti qui occupera ce poste.

En 1990, Paul Mba Abessole créé le Morena-Bûcheron, qui deviendra en 1991 le RNB[50], tenant d'une opposition radicale, refusant de participer aux gouvernements successifs. Aux élections parlementaires de 1990, il se présente comme candidat du MORENA à Libreville. Au premier tour, il recueille 49,44 % des voix, un peu moins que la majorité requise pour une victoire au premier tour; suspectant une fraude, il refuse de participer au second tour et appelle à un boycott de ce second tour.

Depuis le déclenchement du processus démocratique dans notre pays et plus précisément depuis la Conférence Nationale de 1990, nous avons constaté que les Gabonais, dans l'ensemble, tournent le dos aux vrais problèmes auxquels leur pays est confronté.

En effet, au lieu de réfléchir sur l'avenir du Gabon et sur les moyens d'assurer son développement durable, une grande partie des compatriotes fait la politique de l'autruche et se livre à des ragots et à la diffamation des autres qui ne sont pas, dans la plupart des cas, responsables du marasme dans lequel se trouve plongé notre pays.

Parmi les cibles de ces ragoteurs et de ces diffamateurs figure le président du RPG, Paul Mba Abessole.

Lorsqu'il lance le mot d'ordre de grève générale en 1992, en dépit de la reculade des leaders des autres partis de l'opposition et malgré le succès de l'opération, un cacique du PDG, Ministre de l'Intérieur de cette époque, n'a pas hésité à déclarer sa mort politique. Une vue de l'esprit.

Une attitude aussi absurde appelle de notre part quelques commentaires. En effet si certaines actions sont menées dans l'ombre pour neutraliser ou assassiner politiquement Paul Mba Abessole, cela veut tout simplement dire qu'il n'est pas encore mort et qu'il constitue toujours, pour ces bandits politiques, un danger mortel.

La vérité est qu'il gêne. C'est un empêcheur de danser en rond. Le président du RPG détient une arme redoutable pour ceux qu'il considère comme ses concurrents politiques: la vérité. C'est cette passion de la vérité qui lui permet de rappeler aux Gabonais d'origine et d'adoption qu'aucun développement sérieux et durable du pays ne peut être envisagé sans passer par l'Ecole cadeau, l'Hôpital cadeau, le Travail pour tous, et un logement décent pour chaque Gabonais.

---

50 Rassemblement National des Bucherons, puis, après son divorce d'avec Pierre André Kombila, le parti prit la dénomination de RNB-Nouveau Départ avant de s'appeler après une décision de justice lui interdisant d'agir au nom du RNB, le Rassemblement pour le Gabon

S'agissant du manque de visibilité et de lisibilité dont on parle relativement à sa démarche politique, il faut dire que les tenants de cette idée brouillent eux-mêmes la lisibilité et la visibilité en question par l'intoxication dont ils sont les auteurs et les victimes en même temps. Leur objectif est de présenter Paul Mba Abessole comme le mal du pays. Ce qui est une véritable distraction, car il n'a jamais été Premier Ministre ou Président de la République. Il est président d'un parti qui défend les mêmes idées pour le Gabon.

De nombreux compatriotes se laissent malheureusement prendre à ce jeu qui blanchit les vrais fossoyeurs de la République aux dépens des innocents.

Ayons le courage d'affronter la vérité. De toutes les façons, elle nous demandera, à chacun, des comptes lorsqu'elle décidera, le moment venu, de s'imposer de nuit comme de jour.

Le 5 octobre 1993, Paul Mba Abessole annonce sa candidature à l'élection présidentielle sous couvert du RNB. Candidat du RNB à la première présidentielle multipartite de 1993, il termine deuxième, avec 27,5% des voix, derrière le président Omar Bongo Ondimba, élu au premier tour avec 51,1%. Une victoire vivement critiquée par l'opposition qui appelle, RNB en tête, à la désobéissance civile et à la grève générale. Dénonçant les résultats officiels comme frauduleux, Paul Mba Abessole s'auto-proclame Président de la République et nomme Pierre-André Kombila, premier secrétaire du parti, comme Premier Ministre.

Sa maison librevilloise est rasée en février 1994 par la Garde présidentielle et la radio du parti, **Radio Liberté** détruite, entrainant son retour à Paris.

Paul Mba Abessole refuse ensuite de participer aux négociations qui s'engagent alors entre pouvoir et opposition[51], et aboutissent fin 1994 aux Accords de Paris et à la formation d'un gouvernement de coalition, sans aucun bûcheron dans ses rangs.

Le RNB remporte les élections municipales de 1996 à Libreville et Paul Mba Abessole est élu maire de Libreville par le conseil municipal.

Surnommé le Père-Maire depuis qu'il a conquis, fin 1996, la mairie de Libreville, où vit près de la moitié du million de Gabonais, il est de nouveau

51 En mars 1994, le premier ministre Casimir Oye Mba offre au RNB d'entrer au gouvernement mais Paul Mba Abessole rejette cette offre. Il refuse aussi de participer au gouvernement du premier ministre Paulin Obame Nguema, formé après la signature des **Accords de Paris** entre le Gouvernement et l'opposition en octobre 1994

candidat à la présidentielle de 1998. Mais avant l'élection présidentielle de décembre 1998, le premier secrétaire Pierre-André Kombila est exclu du parti en juillet. Les supporters de Kombila forment leur propre faction appelée RNB-Démocratie[52] et désignent Pierre-André Kombila comme leur représentant à la présidentielle. Paul Mba Abessole, qui dirige l'autre faction RNB-RPG[53], accuse Pierre-André Kombila de tricherie et d'indiscipline. Il est officiellement désigné comme candidat à l'occasion d'un congrès extraordinaire à Libreville en octobre 1998. À cette époque, Paul Mba Abessole est considéré comme l'opposant le plus connu du Gabon; pourtant, sa crédibilité en tant que chef de l'opposition a souffert et la scission du RNB aurait eu un effet négatif sur sa candidature.

Le président Omar Bongo Ondimba est triomphalement réélu avec 66,88% des voix au premier tour tandis que Pierre Mamboundou, perçu comme un opposant moins radical, arrive second. Paul Mba Abessole n'arrive que troisième avec 13,16% et dénonce une fraude d'Etat unique dans l'histoire électorale gabonaise.

Converti depuis 1999 au concept de démocratie conviviale, ce dernier met de l'eau dans son vin, ou le contraire, et tente d'asseoir son image de rassembleur et d'alternative crédible au président Omar Bongo Ondimba. Mais, revers de la médaille, il brouille son image d'opposant sincère auprès de certains sympathisants.

En octobre 2000, le RNB-RPG devient le RPG toujours avec Paul Mba Abessole à sa tête et remporte même un siège de député face à Jean Eyeghe Ndong aux élections législatives de 2001.

Le 27 janvier 2002, il est nommé au gouvernement en tant que Ministre d'État, officiellement sous l'étiquette RNB-RPG, opposition. Après avoir accepté ce poste de ministre, il assure n'avoir à aucun moment pensé déposer les armes.

Certains détracteurs du leader du RPG n'ont de cesse de dénoncer sa démarche qui consiste à se rapprocher du pouvoir. Ils avouent leur incapacité à comprendre la stratégie adoptée par cet homme politique. En somme, ils veulent comprendre ce que Paul Mba Abessole veut du Gabon. Pour projeter un peu de lumière sur les points d'ombre, il conviendrait de rappeler les propos tenus par lui au cours de l'Assemblée Générale des Femmes de son parti, le 4 mai 2002 où il indique les 4 étapes par lesquelles notre pays est passé depuis 1968.

La 1ere étape est celle du Discours unanimiste, entre 1968 et 1990. Cette étape a

52 Rassemblement National des Bucherons-Démocratie

53 Rassemblement National des Bucherons-Rassemblement Pour le Gabon

été marquée par le système du parti unique d'inspiration totalitaire qui ne peut conduire à un développement durable. Les rigueurs de ce système n'ont cependant pas empêché la naissance des courants clandestins favorables à l'ouverture démocratique.

La 2e étape, celle du Discours conflictuel, entre 1990 et 1999, correspond à celle du multipartisme intégral. Elle se caractérise par des discours incendiaires contre les autres, avec la volonté de les soumettre ou les anéantir pour exister soi-même. Ces discours n'avaient pas pour objectif de détruire les maux qui nous assaillent. Période de la balkanisation du Gabon. On ne pouvait impunément continuer sur cette voie.

La 3e étape, celle du Discours convivial, entre 1999 et 2000, a permis de marquer un arrêt du discours conflictuel pour que chacun constate que tout le monde ne peut pas lui ressembler. Il ne peut exister une harmonie que dans le mélange des différences. A ce stade, il n'y avait pas encore de projet commun, pas d'actions communes. Cette étape a préparé les conditions pour des actions communes décidées consensuellement.

La 4e étape, celle du Discours républicain, à partir de 2001. C'est l'étape actuelle qui se caractérise par la prise de conscience de certaines valeurs communes: la démocratie, la nation, l'éducation, la santé. Nous sommes également conscients des maux dont nous souffrons ensemble: l'insécurité, la pauvreté, l'immoralité. L'ampleur de ces problèmes, selon le leader du RPG, est telle que personne ne peut les résoudre tout seul. Tel est également le point de vue du Président de la République Ali Bongo Ondimba. Il l'a fait savoir à Paul Mba Abessole lors de leur entretien du 23 février 2010. C'est pourquoi il faut un rassemblement de toutes les forces et de toutes les intelligences du pays. Cette volonté longtemps exprimée par le président du RPG s'est matérialisé par la signature de la Charte qui consacre la création de la Majorité Républicaine pour l'Emergence. Cette majorité se forme autour des grandes valeurs et non plus autour d'un individu.

Paul Mba Abessole sera ensuite promu à la position de Vice-Premier Ministre, le 21 janvier 2003. Plus tard, son portefeuille sera remanié et il sera nommé Vice-Premier Ministre, Ministre des Transports. En 2003, il renonce à briguer la mairie de Libreville. A partir de 2003 il sera nommé sans discontinuité ministre[54]

---

54 Vice-Premier ministre, ministre des Transports et de l'Aviation civile, chargé des Missions et des Droits de l'Homme de 2004 à 2006 ; Vice-Premier Ministre à la Présidence de la République, ministre des droits Humains, chargé de la Refondation, de la coordination des grands travaux et des fêtes tournantes en janvier 2007 ; Vice-Premier ministre, ministre de la Culture, des Arts, de l'Education

jusqu'en 2009.

C'est donc en avril 2004 que Paul Mba Abessole rejoint la Majorité Présidentielle, alliance des partis soutenant Omar Bongo Ondimba. Le RPG n'en retira pas de grands profits. Au contraire, son image commença à se déliter à travers le pays. En dehors de quelques strapontins ministériels, le RPG n'a pas eu l'alliance électorale qu'il était alors en droit d'avoir sur une répartition des sièges électoraux lors de scrutins législatifs, par exemple. Le RPG n'avait tout juste qu'à ne pas présenter de candidat aux élections présidentielles et à apporter au candidat du PDG son patrimoine humain et électoral. En son for intérieur, Paul Mba Abessole qui a voulu être un homme de la synthèse dans un système multipartite naissant sait que cette alliance aura cassé son parti.

Paul Mba Abessole aura connu beaucoup de divorces politiques, dont celui d'avec le Professeur de Cardiologie, Pierre-André Kombila, a été le plus retentissant, tant nul ne pouvait prévoir une telle séparation après une amitié humaine de plus de trente années et un cheminement politique de plus de vingt ans. Vincent Mouleingui Boukosso, Pierre Amoughé Mba, Marguerite Virginius Makaga, Vincent Essono Mengué, Clément Ndong Mba, Rose Allogo Mengara, Métimbé Fady, Mbéné Mayer, Eulalie Nkweigne, Benoît Nzé Mba et Béni Ngoua Mbina quittèrent eux aussi le parti.

45 ans de combat pour faire du Gabon un pays démocratique, 45 ans pour permettre la libre expression et la liberté d'opinion, voilà ce qu'a été son objectif. Le vainqueur présumé de l'élection présidentielle de 1993 a-t-il atteint cet objectif ? Clairement non. Dans l'une de ses sorties médiatiques, Paul Mba Abessole a en effet affirmé que le Gabon était aujourd'hui pire que la Corée du Nord!

Le président du RPG a achevé en juillet 2017 son mandat de député du département du Komo-Kango[55].

Que gardera-t-on de Paul Mba Abessole ? Un homme de la synthèse, comme le

populaire, de la Refondation et des Droits de l'Homme en décembre 2007 ; Vice-Premier Ministre, ministre de la Culture, des Arts, de l'Education Populaire, de la Refondation et des Droits de l'Homme en février 2008 ; Vice-Premier ministre, ministre de la Culture, des Arts, de l'Education Populaire, de la Refondation et des Droits de l'Homme en octobre 2008 ; Vice-Premier ministre, ministre de la Culture et des Arts, de l'Education populaire, de la Refondation et des Droits de l'Homme en janvier 2009

55 3e siège

montre son rapprochement avec Omar Bongo Ondimba, même si cela a causé le délitement de son parti ? Un homme qui prôna le pardon, avec sa logogénèse, pour les dirigeants du pays, afin que ceux-ci n'aient pas peur de perdre leurs positions et leurs privilèges ? Que retiendra-t-on de cet homme ? Le mysticisme de l'homme aux missiles Kappa ou sa tendance à travailler avec ses adversaires pour le développement du Gabon ? Que retiendra-t-on de cet homme pas sectaire, mais trop ouvert à tous les vents ? L'histoire le dira.

Paul Mba Abessole, ex-opposant radical au chef de l'Etat Omar Bongo Ondimba, avait accepté d'être le directeur de campagne de son ancien adversaire pour l'élection présidentielle de 2005 au Gabon. C'est au cours d'un meeting de son parti, le RPG animé en juin 2004 d'abord à la place de l'indépendance et ensuite en face du palais présidentiel, qu'il avait donné son accord en présence du président Bongo Ondimba.

Plus de deux mois auparavant, un mouvement de jeunes dénommé MEBO[56] avait prié le leader du RPG à accepter d'assumer les fonctions de directeur de campagne du président Bongo Ondimba en 2005 et celles de Premier Ministre en cas de victoire de l'actuel chef de l'Etat gabonais en 2005.

En effet depuis 2002, Paul Mba Abessole avait cessé toute opposition au président Omar Bongo Ondimba, année à laquelle il est entré dans l'actuel gouvernement gabonais en qualité de vice-premier ministre chargé des missions et des droits de l'Homme.

Après un léger remaniement du gouvernement, il s'est en plus vu confié le Ministère de l'Agriculture et de l'Elevage.

On ne peut faire confiance à quelqu'un qui, après avoir eu le Gabon à ses pieds, a lâchement abandonné le combat, préférant s'allier piteusement à un adversaire qu'il aurait pu vaincre. C'est là le symbole d'un manque de personnalité et d'une incompétence patents: Paul Mba Abessole a choisi la voie facile qui consiste à servir d'esclave à Omar Bongo Ondimba plutôt que de le combattre, préférant ainsi gagner de l'argent facile dans un régime à la médiocrité chronique qui se nourrit sur la misère du peuple depuis des décennies.

On ne peut faire confiance à quelqu'un qui, après avoir traité son adversaire de tous les noms possibles, et après avoir juré sur tous les dieux qu'il ne s'allierait jamais à Omar Bongo Ondimba, s'est rabaissé jusqu'à prendre un poste de

56 Mouvement des Enfants de Bongo Ondimba

ministre miséreux dans le gouvernement de son ancien ennemi, avant de signer un pacte qui en fait désormais l'esclave politique de son adversaire, vu qu'un tel pacte lui interdit désormais de briguer la présidence de la république.

On ne peut faire confiance à quelqu'un qui, en signant un pacte avec Omar Bongo Ondimba, ne se rend même pas compte que de par ce pacte, il a abandonné des milliers de militants à eux-mêmes, alors même que ces militants lui avaient donné leur soutien dans l'espoir de le voir un jour battre le PDG à l'élection présidentielle, ce qui aurait permis à tout le monde de pouvoir mieux vivre dans un Gabon meilleur. Pour ces militants, l'espoir s'est envolé et beaucoup se rendent compte aujourd'hui que leurs sacrifices n'ont servi qu'à lui assurer la belle vie.

On ne peut faire confiance à quelqu'un qui, comme Omar Bongo Ondimba, s'est enrichi en l'espace de quelques années, sans que l'on sache d'où vient tout l'argent qui en a fait un milliardaire parmi les plus riches au Gabon. Comme Omar Bongo Ondimba, Paul Mba Abessole est un pilleur, et voilà pourquoi le pacte signé jeudi 22 avril 2004 doit être vu comme une déclaration de guerre contre le peuple gabonais par les deux complices.

On ne peut faire confiance à quelqu'un qui renonce publiquement à sa dignité parce qu'Omar Bongo Ondimba lui a promis le poste de Premier ministre s'il l'aide à gagner l'élection présidentielle en 2005. Comment un homme corrompu comme Paul Mba Abessole, après s'être enrichi sur les caisses de la mairie de Libreville en détournant de l'argent, en acceptant des pots-de-vin et en laissant un bilan plus que médiocre, peut-il prétendre être Premier ministre dans un pays comme le Gabon et espérer nous convaincre de sa capacité à moraliser le pays ? Omar Bongo Ondimba était un voleur et à cause de cela, tout son régime s'est adonné au pillage systématique de l'état. Avec Paul Mba Abessole comme Premier ministre, le système a continué d'étendre ses tentacules.

Paul Mba Abessole et Jean Eyeghe Ndong s'affrontent aux élections législatives de 2006. Ce dernier profitant sans doute de sa position de Premier ministre a battu Paul Mba Abessole. A ce propos, le président Omar Bongo Ondimba déclare que tenir une position ministérielle ne dépend pas du fait de détenir un siège au parlement et qu'ainsi Paul Mba Abessole peut rester membre du gouvernement. Dans le nouveau gouvernement de 2007, il conserve sa position de Vice-Premier ministre et est chargé des grands travaux et des fêtes tournantes.

Aux élections sénatoriales du 1er juillet 2007, Paul Mba Abessole est élu au premier siège du second arrondissement de Libreville, laissé vacant par Jean Eyeghe Ndong. Paul Mba Abessole était le seul candidat au poste, il reçut tous les suffrages des 20 électeurs à cette élection indirecte. Il reste Vice-Premier ministre dans le nouveau gouvernement du 28 décembre 2007.

Paul Mba Abessole est tête de liste du RPG pour le second arrondissement de Libreville, à l'occasion des élections municipales d'avril 2008. À la suite, il dépose un recours en révision de l'élection et est débouté par la Cour constitutionnelle. Il s'est porté candidat à l'élection présidentielle qui fait suite à la mort d'Omar Bongo Ondimba, en juin 2009.

Ce n'est qu'à la suite du décès d'Omar Bongo Ondimba que Paul Mba Abessole, qui se cherche déjà un successeur, fait un retour dans l'opposition. Candidat à la présidentielle de 2009, il se retire en faveur d'AMO[57], à qui il propose d'incarner les ambitions du RPG.

Mais ce dernier refuse, et l'influence de Paul Mba Abessole ne cesse de décroître. Ce n'est que de justesse qu'il est élu député du Komo-Kango en 2011, remportant l'un des trois seuls sièges du parti à l'Assemblée, avec Jean-Marie Nguema Ndong et Marie-Madeleine Nyingone-Anda, et de nombreux cadres du RPG l'abandonnent, comme le maire d'Oyem Vincent Essono Mengué ou Paulin Obiang Ndong.

En juillet 2009, alors qu'il était Vice-Premier Ministre, ministre chargé de la culture, Paul Mba Abessole n'a pas été reconduit dans le nouveau gouvernement conduit par Paul Biyoghé Mba. Depuis, il répète les mises en garde contre les candidats restés au gouvernement, visant en premier lieu le fils du défunt président, Ali Bongo Ondimba.

Pour Paul Mba Abessole, tout doit changer dans la mesure où l'homme gabonais est couché. Quand il parle de l'homme, naturellement il parle de sa formation, da sa santé, de son environnement. Le système sanitaire et le système éducatif doivent changer du tout au tout. La priorité c'est d'abord mettre l'homme debout, l'enseignement et la santé, et la construction de l'unité nationale par la rencontre de toutes les communautés culturelles pour que les gens se connaissent pour que les préjugés tombent.

En fait, Paul Mba Abessole ne s'est jamais rallié au régime. Il s'est associé, il a fait une coalition avec le régime, et cela veut dire qu'il gardait son identité, son

57 André Mba Obame

projet de société qui est toujours le même depuis 1990.

Non, les électeurs ne l'ont pas oublié étant donné qu'il a le parti le mieux organisé. En fait le RPG est toujours présents dans l'opinion, même s'il ne parle plus dans les meetings. Notre système de santé par exemple est complètement un échec, parce que la plupart des hauts fonctionnaires vont mourir à l'étranger, en France notamment. Cela veut dire que le Gabon, l'Etat gabonais, est incapable de soigner ses citoyens et même le président Omar Bongo Ondimba est allé mourir à l'étranger.

Paul Mba Abessole ne se compare pas aux autres, les autres n'ont pas eu des responsabilités d'Etat pour Pierre Mamboundou, AMO et Zacharie Myboto ont eu des responsabilités, chacun sait comment ils ont assumé. Le président du RPG a été maire de Libreville, on a vu ce qu'il a réalisé, à chacun il faut demander les traces qu'il a laissé dans les fonctions qu'il a exercé dans le passé.

Quand on n'est pas content d'une position on manifeste dans la rue, on montre son mécontentement, mais ce que nous refusons naturellement, c'est la violence.

Le 11e congrès extraordinaire du RPG qui s'est tenu le 11 juillet 2009 à Libreville a investi son président Paul Mba Abessole comme candidat à l'élection présidentielle d'août 2009 à l'unanimité, sans renié son appartenance à la majorité. Il est immédiatement soutenu par deux partis importants, le MORENA et le RNB, membres de la Majorité Présidentielle, ainsi que par le PEC[58]. De ce fait, Paul Mba Abessole est exclu du gouvernement formé le 22 juillet 2009 par le Premier ministre Paul Biyoghé Mba.

En compagnie de plusieurs autres candidats, Paul Mba Abessole est présent le 7 août 2009 à une manifestation interdite réclamant la démission du gouvernement du candidat PDG à la présidentielle, Ali Bongo Ondimba, fils du président défunt et, à ce moment, Ministre de l'intérieur. À la mi-août, Paul Mba Abessole déclare, en référence à la désignation du fils d'Omar Bongo Ondimba comme candidat, que le Gabon est face à une monarchie qui veut s'imposer et qu'il faut se battre jusqu'à ce que les monarchistes soient rejetés.

Fin août, juste avant l'élection, Paul Mba Abessole et quatre autres candidats annoncent qu'ils renoncent à leur candidature en faveur d'AMO, qui fut Premier ministre PDG et qui se présentait comme candidat indépendant. AMO arrive deuxième à l'élection, avec 26 % des voix, derrière Ali Bongo Ondimba 42 %.

58 Parti d'Egalité de Chance, opposition

Les élections sont suivies de manifestations violentes à Port-Gentil.

Quelques jours après la proclamation des résultats, le leader du RPG tente de se rendre en Côte d'Ivoire mais en est empêché par la police qui déclare qu'elle avait des ordres pour interdire aux chefs de l'opposition de quitter le pays. Le Ministre de l'intérieur explique, le 9 septembre 2009, que cela se justifiait car le gouvernement menait des investigations au sujet des émeutes de Port-Gentil.

Paul Mba Abessole a déclaré le 27 octobre 2009, lors d'un point de presse à Libreville, être indigné de la situation actuelle que traverse le Gabon. Une situation qui est, selon lui, caractérisée par un recul de certains principes démocratiques, notamment la liberté d'expression et d'opinion, la libre circulation des hommes et le respect des droits syndicaux au Gabon.

Soucieux de la concorde nationale, il a dit être opposé au processus vers l'éclatement de notre pays car, selon lui, sans l'unité rien ne sera plus possible. Le leader du RPG a dit craindre que cet état de choses ne débouche sur un climat insurrectionnel, puis sur une véritable guerre civile. C'est dans ce sens qu'il a regretté l'émergence de replis identitaires, lesquels font obstacle à l'élan de fraternité et de solidarité nécessaire à la construction et au développement du Gabon. Il a déclaré s'être mis en réserve de la République, mais prêt à répondre à un éventuel appel du peuple.

Revenant sur l'élection présidentielle du 30 août 2009, Paul Mba Abessole a déclaré que cette dernière n'a été ni transparente ni crédible. Il a critiqué également la Cour Constitutionnelle qui, selon lui, a refusé de procéder au réexamen des résultats du vote donnant le candidat PDG, Ali Bongo Ondimba, vainqueur.

Jusqu'à son intervention, Paul Mba Abessole évoluait et s'exprimait dans le cadre du **Front du refus du coup d'état électoral**, un mouvement regroupant quelque 18 candidats malheureux contestant la victoire électorale d'Ali Bongo Ondimba.

Les députés du RPG ont en 2009, curieusement, accordé leur confiance au Premier ministre, Paul Biyoghé Mba, votant oui à sa déclaration de politique générale.

En effet, ils n'ont pas respecté les consignes qui leur ont été données par les responsables du parti. Celles-ci étaient claires: voter contre la déclaration de politique générale ou s'abstenir. Mais, en décidant de voter pour, ils ont fait preuve d'une indiscipline caractérisée. Cet acte est, aux yeux des Rpégistes, inqualifiable.

Le RPG est un parti structuré qui fonctionne selon des règles édictées par ses statuts et règlement intérieur. Ils ont des lois qu'il faut respecter, et tous les militants doivent être sur le même pied d'égalité. Le Conseil Exécutif qui a été saisi du dossier a mis en place un Comité de discipline présidé par le sénateur Paulin Obiang Ndong.

Les élections présidentielles se sont déroulées, comme beaucoup le reconnaissent, dans de très mauvaises conditions. Et pour cause, Paul Mba Abessole s'est mis en réserve de la République, c'est-à-dire aux dimensions de la République. Cela signifie aussi qu'à partir du moment où les gens sont d'accord avec son analyse de la situation actuelle du pays, il discute avec eux parce que nous avons le même souci du Gabon. La République, ce sont des valeurs et aussi des ambitions. Nous devons revenir aux valeurs de la République partagées par tous.

Durant toute sa vie, Paul Mba Abessole a toujours essayé d'être un homme libre. Il est difficile de prévoir ce qu'il va faire ou ce qu'il peut dire, parce qu'on est habitué à voir des gens agissant comme des automates. Quand ils sont dans une situation donnée, on peut déjà prévoir leurs réactions. En tant qu'homme libre, il est difficile de prévoir ce qu'il va faire dans l'avenir.

Parlant de la Majorité présidentielle, lorsque le président Omar Bongo Ondimba proposait une idée figurant dans le projet du RPG, le parti soutenait cette idée. Le contrat est devenu caduc avec sa mort.

La Majorité présidentielle n'a pas fonctionné comme il fallait. Les Rpegistes ont toujours dit qu'ils avaient signé un texte et qu'il fallait aller plus loin. Le président de la République Omar Bongo Ondimba était président de cette Majorité, Paul Mba Abessole allait en être, en tant que président du RPG, le Vice-président. A ce propos, il pouvait demander qu'on le nomme Premier ministre en tant que leader du parti le plus important après le PDG. C'est ce qui explique les blocages observés ici et là.

Paul Mba Abessole ne calcule rien du tout. Il dit ce qu'il croit être vrai. Maintenant, celui qui veut mentir est libre de le faire. Celui qui se met dans le mensonge ne peut pas le comprendre. S'il est un homme libre, on n'interprète pas sa pensée, surtout si on est face à des gens qui suivent, comme des moutons, ce qu'on leur dit. Si on veut savoir ce qu'il pense, sincèrement, on doit se rapprocher de lui. Quand il rédige un texte, les mots utilisés sont calculés et soupesés, en fonction des idées qu'il a dans la tête. Ce qui importe, c'est ce qu'il dit et non ce que les gens viennent vous rapporter, car ils ne sont pas des exégètes qualifiés. On n'interprète pas la pensée de quelqu'un en prenant simplement un mot. Ceux qui cherchent à le comprendre doivent savoir qu'il est un homme libre.

Le leader du RPG, fait face depuis la dernière présidentielle à une fronde en interne, menée par ses hommes de confiance qui encore hier, vouaient un culte d'obéissance à la limite aveugle à cet ancien prélat.

Parmi les frondeurs l'on compte des membres du dernier carré de ses fidèles, comme Alain Claude Bilie By Nze et Faustin Bilie Bi Essone, qui figurent parmi les cinq députés constituant le groupe parlementaire RPG à l'Assemblée nationale, et qui ont navigué à contre-courant des directives de leur parti, lors du vote par le parlement du projet de politique générale du gouvernement, que présentait le premier ministre Paul Biyoghe Mba devant les députés, avant de recevoir l'avis favorable des élus du peuple à une écrasante majorité, non sans la caution des députés du RPG.

Une caution Rpégiste, qui avait suscité la colère de son leader Paul Mba Abessole, qui quelques jours plus tôt annonçait pourtant son ancrage au sein de la famille de l'opposition politique gabonaise, après son investiture par son parti à la présidentielle du 30 août 2009, qui s'était suivie de son désistement au profit de l'indépendant et ancien ministre de l'intérieur AMO, en faveur de qui, il avait donné des consignes de vote, qui furent en ce temps relativement mal accueillies par une frange des militants du RPG. Cette prise de position considérée comme fausse note par certains cadres de son parti, était la genèse d'un certains désamour entre Paul Mba Abessole et de nombreux de ses proches, dont certains sont nommément accusés d'avoir vendu les voix lors de la dernière présidentielle au PDG dans le fief politique même du leader du RPG au niveau de la ville de Makokou. Des rumeurs persistantes soupçonnent Claude Bilie By Nze d'avoir accepté de s'adonner au jeu de falsification des procès-verbaux au profit du PDG, en contrepartie d'espèces sonnantes et trébuchantes.

L'huile aurait été mise sur ce feu qui couvait sous la cendre, selon les frondeurs, lorsque Paul Mba Abessole aurait à leur détriment au sortir de la présidentielle d'août dernier, proposé la présidence de la formation politique dont il est le leader à son allié politique du scrutin présidentielle, AMO qui aurait gentiment décliné l'offre. Une somme d'engagements de Paul Mba Abessole, finalement regardés par ses anciens filleules politiques comme une trahison et un manque de considération, au point de tourner casaque à leur guide politique et flirter avec l'ennemi, tant à travers la vente des suffrages lors de la présidentielle, qu'avec le vote favorable du projet de politique générale proposé par le Premier ministre d'Ali Bongo Ondimba, en dépit de l'avis défavorable du parti.

La mise en place d'un conseil de discipline en interne pour se prononcer sur ces cas d'indiscipline notoire, ne semble pas contraindre les personnes incriminées à faire machine arrière, disant plutôt marcher dans le sillon tracé par Paul Mba Abessole, en paraphant avec le PDG au pouvoir sous Omar Bongo Ondimba, la Charte de la majorité qui n'exclut pas l'hypothèse d'une co-gestion. Pour Alain Claude Bilie By Nze par exemple, il est hors de question de se démarquer des engagements pris par écrit par son leader, alors qu'il n'y a jamais renoncé officiellement, clame-t-il pour donner une logique à son attitude.

Depuis la sortie très remarquée de Paul Mba Abessole président du RPG, où il avait qualifié une certaine opposition de panier à crabe, l'histoire politique gabonaise s'est emballée avec au bout du compte la mise en place de l'UN[59] née de la fusion du MAD[60], du RNR[61] et de l'UGDD[62].

On se posait la question de savoir quand l'opposition allait sortir du bois. Eh bien, c'est chose faite, puisque Paul Mba Abessole s'est extrait des turbulences dans lesquelles il se débattait depuis trois mois lorsqu'il avait pris l'engagement de sortir de la Majorité présidentielle pour s'opposer au candidat de cette majorité avant de se raviser pour soutenir AMO. Et si toutes les turpitudes politiques[63] se ressemblent, les voies qu'on emprunte pour se sortir varient bien souvent. Dans le paysage politique gabonais, le cas d'école est celui de Paul Mba Abessole.

Le leader du RPG, après avoir décrété qu'il se mettait en réserve de la république, vient d'annoncer que si on met en place une Majorité républicaine qui prend en compte toutes les compétences, toutes intelligences quel que soit leur bord politique, il est prêt à discuter avec eux.

59 Union Nationale
60 Mouvement Africain pour le Développement
61 Rassemblement National de Républicain
62 Union Gabonaise pour la Démocratie et le Développement
63 Perte de confiance ou difficultés de se repositionner

L'objectif pour lui est de bousculer et renouveler la vie politique à sa façon en voulant mobiliser parmi les républicains de tout bord du monde politique gabonais qu'il existe politiquement.

En montrant sa disponibilité à discuter avec la majorité, Paul Mba Abessole reprend donc l'initiative, à la suite de Didjob Divungi Di Dinge et de Pierre Claver Maganga Moussavou qui se sont clairement prononcés pour un ancrage dans la majorité présidentielle. Il recentre par la même occasion le débat, qui ramenait tout autour des leaders de l'UN, il tente de réagir en indiquant où est son intérêt à savoir débattre avec toutes les personnes qui ont intégré la notion de la Majorité républicaine.

C'est après toutes les difficultés qu'il a eu avec certains leaders de l'opposition pour bâtir un parti autour du RPG, qu'il vient d'annoncer un dialogue avec tous les républicains à l'exception des leaders de l'UN dont il garde de mauvais souvenirs. A bien voir, son seul interlocuteur reste le pouvoir en place.

C'est donc un appel destiné avant tout à trouver des solutions pour lutter contre son isolement dans l'opposition. Avec ce risque de voir l'opinion basculer en faveur d'une autre option politique. Si l'on admet que le discours de Paul Mba Abessole a évolué lorsqu'il parle de la mise en place d'une Majorité républicaine comme première étape avant d'accepter de faire partie de la majorité présidentielle.

Il faut dire que Paul Mba Abessole est une drôle de bête politique qui a compris que la politique n'est pas un métier où les apprenants doivent s'aventurer. Tous les actes qu'il pose tendent à expliquer la nouvelle démarche de l'homme.

Il ne prête pas l'oreille à cette opposition qu'il connaît du bout des doigts. Il se demande même si cette opposition a un projet de gouvernement quand il indique qu'il faut apprendre à sortir des sentiers battus pour répondre aux attentes des gabonais.

Pour qui se situe dans cette zone où les enjeux politiques s'entremêlent, se tromper de cheval peut s'avérer rédhibitoire. Personne n'est dupe: le président du RPG ménage sa monture pour éviter d'autres erreurs stratégiques en se rapprochant de la majorité.

Depuis la perte du député Alain Claude Bilié By Nzé, Paul Mba Abessole n'est pas certain de pouvoir reconquérir le siège de Makokou et du canton Ntang Louli. Et dans la bataille des lobbies, qui opposait le RPG aux autres partis de l'opposition, il est seul.

Critiqué pour ses voltes faces et sa politique ambiguë, il assume en expliquant qu'il ne fait pas de calcul.

Est-ce la voie de la sagesse? On sait qu'en politique, pour se frayer un passage, il faut manœuvrer habilement, savoir négocier, tout mettre sur la table et mener une véritable concertation.

Paul Mba Abessole avance en essuie-glace, tantôt dans l'opposition tantôt dans la majorité. S'il veut continuer à exister politiquement, il est question pour lui de se déterminer définitivement, au risque d'apparaître comme un homme seul qui n'est ni avec le PDG et ses alliés, ni avec l'opposition incarnée par l'UN, ni avec une autre aile d'opposition regroupée dans l'ACR[64].

En effet, après une entrée politique triomphale suite à son retour d'exil politique en France dans les année 1990, Paul Mba Abessole connaît une sorte de crépuscule politique, qui serait la résultante de ses positionnements alternant au gré de ses ambitions visiblement personnelles, entre les rangs de l'opposition et majorité au pouvoir, ce, au détriment des convictions de la base, au point de susciter une baisse drastique de sa notoriété, au profit des leader de l'opposition incarnant une ligne politique insoupçonnée de collusion avec le pouvoir.

Depuis la signature de la Charte de la Majorité Républicaine pour l'Emergence par le RPG, une vaste campagne de dénigrement contre son leader Paul Mba Abessole est menée par les leaders de l'UN et leurs militants. Du point de vue de ces derniers, Paul Mba Abessole est un traître, pour s'être allié à quelqu'un qui ne fait pas partie de sa communauté culturelle. Ce discours à fort relent tribaliste a de quoi inquiéter. Dans les lieux publics, les transports en commun voire les bureaux administratifs, les fans d'AMO ne s'empêchent pas de dire à qui veut l'entendre que les fang, par le biais de celui-ci prendront bientôt le pouvoir et en feront voir de toutes les couleurs aux traîtres.

Il faut que l'on dise la vérité aux gabonais. Il ne faudrait pas qu'on leur conte des lanternes et qu'on les entraîne dans une voie sans issue.

Le tribalisme à outrance est une pratique d'un autre temps qui peut diviser notre pays et compromettre ainsi son développement. Il y a lieu de rappeler que chaque communauté culturelle, doit être considérée comme une lettre de l'alphabet. Si une seule vient à manquer, il sera difficile d'écrire tous les mots de

64 Alliance pour le Changement et la Restauration

la langue française. Aucune communauté culturelle, ne doit être exclue dans la gestion de notre pays. Aucune ne peut, seule, gérer le Gabon. Pour le leader du RPG, la différence existe pour créer la beauté et l'harmonie. Notre diversité n'est pas une tare. Elle permet de produire une dynamique de progrès. Nos communautés culturelles peuvent aussi être considérées comme des sons dont la combinaison crée l'harmonie. C'est pourquoi Paul Mba Abessole estime que nos différences n'ont rien à voir avec les divisions qui sont les conséquences des affrontements des égoïsmes. Selon lui, il est temps de promouvoir entre gabonais des relations éloignées de la hargne de certains compatriotes dont l'objectif est plus de diviser qu'unir. C'est dans cette veine qu'il n'a de cesse de rappeler qu'il n'a pas d'ennemis mais plutôt des concurrents politiques. C'est en homme libre, à l'écoute du peuple, qu'il a soutenu AMO et c'est aussi en homme libre, soucieux de l'avenir du pays, qu'il a signé la Charte de la Majorité Républicaine pour l'Emergence.

Si être traître c'est penser que toutes les communautés culturelles doivent travailler la main dans la main pour le développement du Gabon; Si être traître, c'est penser qu'aucune communauté ne doit être exclue de la gestion du pays; Si être traître c'est dire que la politique n'est pas la guerre, qu'il n'y a pas d'ennemis mais des concurrents politiques; Si être traître c'est accepter de discuter librement avec tous les gabonais quel que soit leur bord politique; Si être traître c'est avoir le courage de défendre publiquement ses idées; Si être traître c'est privilégier l'intérêt général au détriment de l'intérêt personnel, Paul Mba Abessole n'en est donc pas un.

Le traître c'est celui qui fait la promotion du tribalisme; Le traître c'est celui qui veut mener le peuple dans une voie sans issue; Le traître c'est celui qui pense qu'il peut réussir en dénigrant ceux qui l'ont soutenu hier; Le traître c'est enfin celui qui développe un double langage. En public, il prône l'unité nationale alors qu'en privé il tient un discours qui divise les gabonais. Le traître c'est celui qui n'a pas le courage de défendre publiquement ses idées.

Que ceux qui pensent qu'une communauté culturelle du Gabon peut, seule, gérer le pays sans l'apport des autres engagent publiquement le débat. Nous verrons combien de compatriotes les suivront.

Après une éclipse politique en 2010, Paul Mba Abessole, avec 9 voix d'avance sur 1 163 suffrages exprimés, est élu député du Komo, devant le candidat du PDG, aux élections législatives du 17 décembre 2011 et est investi cinquième vice-président de l'Assemblée nationale.

En effet, les élections législatives partielles ont eu lieu le premier semestre 2010 et le président du RPG a présenté des candidats partout. Il avait effectué des missions sur le terrain notamment à Libreville et à Kango.

Il est vrai que Paul Mba Abessole est issu d’une culture et, chaque fois qu’il est face à un problème, il interroge sa culture où un chef se tait. Il faut observer un silence, c’est comme ça que ça se passe dans sa société.

Pendant la campagne, le président du RPG a parlé et même beaucoup parlé. Il était très actif, bien sûr, parce qu’il voulait la victoire de son candidat. Mais, le RPG a fait face à d’autres impondérables, qui ne lui ont pas permis de se placer à la tête du pays. Pour y parvenir, le peuple a besoin de plus de maturité.

La candidature unique de l’opposition a été évoquée, ainsi que la coalition des candidats. Comment voulez-vous qu’il signe un accord de confiance avec ces gens-là avec qui il est dans cette coalition ? D’abord, AMO qu’il a soutenu, c’est le premier à l’avoir trahi en politique.

Il faut juste être dans la logique, pendant que Paul Mba Abessole a passé 8 ans à essayer de faire légaliser le RPG, le dossier était bloqué par AMO. Venons à Eyeghé Ndong. Ce dernier a acheté 3 ou 4 de ses partisans du 2e arrondissement de Libreville. Il y a aussi Casimir Oyé Mba qui est venu, lui demander d’aller l’aider à Ntoum, parce qu’il compte se repositionner comme député. Lui, qui a passé 20 ans comme député dans cette localité sans laisser de traces. Le dernier, c’est Zacharie Myboto. Pendant que Paul Mba Abessole était à la mairie de Libreville, il allait collecter les ordures dans les quartiers pour les déverser sur la voie publique. En plus, le budget qui devait revenir à la mairie était systématiquement mis à la disposition de l’ALSI, la boîte de l’une de ses filles.

La coalition existait. Mais le président du RPG avait un candidat. Il ne s’est pas embarqué comme çà. La discussion ne tenait sur rien du tout. Il ne pouvait plus faire de coalition avec des hommes comme ça.

Il est resté sur la logique du peuple. Les quatre hommes ont fait une coalition qui a pris fin après les élections. Ne voulant plus entendre parler de l‘unité de l’opposition parce que c’est un piège, un panier à crabe, il a refusé de signer la Charte.

Cela veut dire que si l’opposition avait triomphé, ils auraient eu du mal à gouverner ensemble.

Paul Mba Abessole se définit par rapport à son propre programme et le gouvernement doit l'aider à le réaliser. Celui qui est de son parti politique a le droit de le critiquer, c'est ce qui fera avancer son action. Aujourd'hui, si le gouvernement agi mal, les gens qui en sont, les propriétaires diront que l'on n'a pas le droit de critiquer leur action, même si les gens qui sont du parti au pouvoir ont des choses pertinentes à dire. Mais il y a cette loi de ne pas critiquer sa propre majorité. Les partis membres de la Majorité présidentielle doivent critiquer le gouvernement, pour lui permettre d'aller de l'avant. Si tel n'était pas le cas, alors on est loin, très loin du compte.

On ne peut pas créer un grand parti, on créé un parti et c'est sur le terrain qu'on verra s'il est grand ou pas. On n'a pas besoin de tambour ni de trompette pour le faire. On se met au travail, on prend les signatures et on dépose les listes des adhésions au Ministère de l'intérieur. On le publie une fois légalisé.

Réclamer un candidat unique est une stupidité. Une décision d'un parti politique, c'est celle d'un parti, mais la décision du peuple est autre chose, car le peuple est au-dessus du parti. Cette décision a été voulue par lui. Peut-être a-t-il été dupé en lui suggérant un candidat unique. Mais ceux qui lui ont fait miroiter cette idée ont voulu barrer la route au RPG.

En fait de militants et sympathisants, Paul Mba Abessole n'en a plus, ceux-ci s'étant déversés dans d'autres formations politiques plus prometteuses. Son appel ressemble donc bien plus à un dépit qu'à une volonté manifeste de participer au combat pour l'alternance. Histoire de ne pas se faire oublier. Car ceux qui ont suivi samedi 30 janvier 2016 au siège de Petit-Paris sa déclaration appelant ses militants à voter contre Ali Bongo Ondimba en août, ont cru qu'il s'agit d'une plaisanterie. Une de plus. Ayant en effet abreuvé ses militants des décennies durant, de théories brumeuses mêlant mysticisme, ésotérisme, métaphysique et paganisme, certains se sont fanatisés à l'extrême. Ainsi, le 30 janvier 2016 devant la petite foule rassemblée sous des tentes, Paul Mba Abessole, après avoir fait un mini bilan de la présidence du chef de l'Etat, a conclu que le pays va mal. D'après lui, aucun secteur d'activité ne serait épargné en ce moment par des grèves perlées. Et la faute serait imputable à la mauvaise gestion d'Ali Bongo Ondimba. Aussi a-t-il appelé ses militants à s'inscrire massivement sur les listes électorales, afin de faire barrage à une réélection du chef de l'Etat, chaque bulletin de vote devant constituer une balle de carabine 425. Car nul n'est sans ignorer que son aura s'est rétrécie comme peau de chagrin depuis la présidentielle d'août 2009 qui l'avait vu, après une campagne électorale chaotique, se résoudre à contre cœur à se ranger derrière AMO, afin d'éviter l'humiliation d'une banqueroute. Alors que quelques mois plus tôt, précisément en mars de la même année, il se gargarisait encore d'être le chef de fil de l'opposition, affirmant même que certains de ses anciens compagnons de lutte partis chercher fortune sous d'autres cieux cognaient de nouveau à la porte du RPG. Mais la survenance de l'échéance présidentielle le ramena rapidement sur terre, l'homme ayant compris qu'il n'était plus dans l'air du temps. Durant la campagne électorale en effet, chacune de ses sorties ne rassemblait plus que deux dizaines de personnes au plus, en lieu des milliers d'adeptes qu'il attirait tel un aimant à chacune de ses sorties publique, grâce à la fascination quasi mystique qu'il exerçait sur les masses. Résultat, de messie, le prêtre se mua rapidement en gourou et opéra une sorte de lavage de cerveau à ses militants qui devinrent progressivement des objets manipulable à souhait. Ces derniers lui obéissaient au doigt et à l'œil. Les militants du RNB-RPG étaient donc devenus les plus fanatisés du paysage politique national. Conséquence, le pays passa à deux doigts d'une guerre civile en février 1994. Il fallut toute la magnanimité du président Omar Bongo Ondimba pour que de nombreuses personnalités du pays ne soient traduites devant la Haute Cour de Justice, au regard des dommages qu'ils venaient de causer. C'est donc ce tribun au discours désormais abscons, voire vaseux, qui revient sur ses pas après avoir participé à la gestion du pays sous Omar Bongo Ondimba et appelle au renversement d'Ali Bongo Ondimba. Sauf que, dépourvu de troupes, avec quels militants va-t-il réaliser son nouveau rêve, peut-on se permettre de s'interroger ? Il n'est un secret pour personne que le RPG ressemble bien plus aujourd'hui à une armée mexicaine, car composée presque exclusivement de généraux que d'hommes de troupes. Lorsqu'on sait que les généraux vont rarement au front, on comprend aisément la désespérance de l'appel de Paul Mba Abessole.

Dernière contre-performance, lors de la présidentielle de 2016, il ne recueille que 0,21 % des voix. Participant au dialogue organisé par Jean Ping, il envoie ensuite Raymond Placide N'Dong Meyo[65] à celui lancé par Ali Bongo Ondimba. Beaucoup ne lui ont pas pardonné cette décision.

Un bond dans l'histoire nous montre que le parti unique instauré en 1968 et qui a duré jusqu'en 1990, pendant 22 ans est la seule parenthèse dont le Gabon

65 Nommé Ministre et exclu du RPG depuis

aurait pu et voulu se passer. Car cette période a transformé les relations qui existaient entre les Gabonais et la politique en plus d'avoir permis la prise en otage de la démocratie par un groupe d'hommes et de femmes liés tantôt par un parti, le PDG, tantôt par le sang. De sorte qu'au lendemain de la fin de cette période sombre qui a donné lieu à toutes les dérives possibles, la pratique de la politique par les professionnels et aussi par les populations n'a plus jamais été la même qu'avant.

Avant le 12 mars 1968 qui consacre la naissance du PDG et l'établissement du parti unique, l'opposition avait une place prépondérante dont l'action a été mise à mal par Léon Mba qui a fait l'expérience d'une opposition forte pendant plusieurs années.

C'est en 1945 que le Gabon, à l'instar des autres colonies françaises, connaît une libéralisation de la vie politique. Emile Issembé fonde cette année-là le premier parti autochtone, le PDG. Et moins d'une année plus tard, en 1946, Jean-Hilaire Aubame fonde l'UDSG[66]. Les premières élections qui permettent de désigner les premiers conseillers[67] et les représentants du Gabon à Paris vont consacrer l'UDSG comme parti au pouvoir puisque cette formation politique va occuper les trois sièges: Mathurin Anghiley au Sénat, Jean-Hilaire Aubame à l'Assemblée nationale et René Paul Sousatte à l'Union Française.

L'UDSG va également dominer la représentation locale et fédérale. Et jusqu'en 1958, malgré l'alliance entre Léon Mba et Paul Gondjout autour du BDG[68] de Léon Mba, l'UDSG restera le parti majoritaire. En 1958, les choses changent. C'est l'UDSG qui devient le parti d'opposition quand le BDG, grâce à des pratiques peu orthodoxes prend les rênes du pouvoir. Et jusqu'en 1967, année du décès à Paris de Léon Mba, l'UDSG sera dans son rôle de parti d'opposition. Elle le joue parfaitement lors de la crise institutionnelle de novembre 1960, puis lors du coup d'Etat de 1964 où nombre de ses membres participent au gouvernement provisoire puis lors des différentes élections législatives et présidentielles.

Léon Mba a été le premier à remettre en cause le rôle de l'opposition, acceptant mal cette donne politique. Le visage de l'opposition a changé sous cet effet. Certains opposants ont rapidement quitté le pays et fondé des mouvements de

---

66 Union Démocratique et Sociale Gabonaise
67 Députés locaux
68 Bloc Démocratique Gabonais

libération[69], d'autres ont été contraints à l'exil ou aux travaux forcés.

Quand Léon Mba meurt, l'opposition existe dans la clandestinité. Et le pays est donc divisé. Au lieu de réhabiliter l'opposition et la démocratie, Omar Bongo Ondimba crée le parti unique. Et l'action de l'opposition est dès lors sanctionnée par la prison, l'élimination physique, l'exil, la suspension de salaire. Il faut être pédégiste et rien d'autre. C'est en cela que le MORENA est la plus belle page de l'histoire politique du Gabon. Car, en 1981, quand ce mouvement prend forme, ses membres fondateurs savent qu'ils risquent tout. Luc Bengone Nsi qui était directeur de la dépense au Trésor, par exemple, perd son poste et en est réduit à faire le clando[70] pour nourrir ses enfants. Mais c'est grâce à la résistance des membres[71] de ce MORENA, arrêtés et condamnés à la prison et aux travaux forcés, que la démocratie revient. Elle revient parce que l'opposition a continué aussi d'exister à l'extérieur avec des prélats comme l'Abbé Joseph Mintsa et le père Paul Mba Abessole mais aussi d'autres comme Adrien Nguemah et Pierre Mamboundou.

Pendant la période du parti unique, une élection présidentielle était pliée d'avance puisqu'il n'y avait qu'un candidat. Et quiconque émettait l'idée de lui faire de l'ombre pouvait craindre pour sa vie. Germain Mba en a fait la douloureuse expérience en 1971, puisqu'il en est mort.

En1990, c'est le retour du multipartisme et de la démocratie. L'opposition se reconstitue. Et elle est faite essentiellement d'anciens opposants qui ont connu le temps de la véritable démocratie au Gabon. Il y a donc au sein de cette opposition une haute idée de la démocratie. Et c'est cela qui va permettre d'avoir une Conférence nationale libre qui va donner naissance à une nouvelle république dans laquelle le rôle de l'opposition est reconnu. Il est vrai que les apparatchiks du parti unique n'ont pas vite jeté l'éponge, il n'était pas question de renoncer aussi facilement à des avantages acquis et au pouvoir. Les menaces et des éliminations physiques, des fraudes lors des différentes échéances qui ont suivi se sont multipliés. Finalement une forte corruption du personnel politique s'est installée, car, malheureusement, un trop grand nombre de leaders était pauvre, démuni, affamé et même en fin de vie. Il y avait bien sûr des idéalistes. Mais ils n'ont pas tenu longtemps face aux appels du régime, notamment après la victoire in extremis ou usurpé d'Omar Bongo Ondimba en décembre 1993.

69 Le cas de Germain Mba, Marc Saturnin Nang Nguema, Pierre-François Obiang Bilie et Gaubert Obiang
70 Transport périurbain ou transurbain illégal
71 Nzoghe Nguema, Moubamba Nziengui, Abbé Noel Ngwa, Mbah Bekale, Oyon'Abaa et autres

Jusqu'à la fin de sa vie, Omar Bongo Ondimba a tenu l'opposition qui avait alors droit à des privilèges, notamment des postes de Ministres et à des mallettes. Peu n'ont pas succombé. Luc Bengono Nsi est une exception notable. Mais un nombre très important a cédé, sachant qu'il était peut-être condamné à ne pas accéder au pouvoir véritable.

Depuis 2008, la configuration de l'opposition est autre. Elle est faite de personnes qui n'ont pas nécessairement faim et qui sont capables de supporter la fin de privilèges qui étaient les leurs. Et il y a, semble-t-il, une volonté d'alternance chez ceux-là qui ont fait le régime actuel et qui estiment peut-être que la volonté du peuple est plus forte que leurs intérêts personnels. Il y a donc une renaissance, depuis 2009, de l'opposition politique au Gabon.

En regardant l'histoire de l'échiquier politique gabonais sur le temps, on pourrait penser que la cloison entre pouvoir et opposition est moins manichéenne que ce que ne laissent deviner les apparences. Les relations entre le pouvoir et l'opposition changent considérablement. Avant le parti unique, le pouvoir incarné par Léon Mba issu du BDC s'est radicalisé très vite. Après le coup d'Etat Institutionnel de novembre 1960, Léon Mba a tenté de réunir autour de sa seule personne les forces vives de la vie politique. L'objectif était d'éliminer politiquement ses adversaires politiques les uns après les autres. Le premier était Paul Gondjout d'ailleurs le patron du BDG. Le gouvernement de l'Union Nationale avait permis à Léon Mba de catalyser Jean-Hilaire Aubame, René Paul Sousatte ancien lieutenant d'Aubame et fondateur du PUNGA[72] et d'autres ténors comme François Meye ou Eugène Amogho. Après les avoir usés, il les sort du gouvernement et décide de ne plus discuter ni négocier, ayant en tête d'éliminer Aubame comme il l'avait déjà fait avec Gondjout. Il faut rappeler que Léon Mba et Jean-Hilaire Aubame avaient des liens forts. Le second avait été élevé par l'abbé Jean-Urbain Obame[73], frère aîné du président. Léon Mba estimait donc que Jean-Hilaire Aubame lui devait le respect dû à un père, et dans la tradition fang, c'est le père qui commande. Après le coup d'Etat de 1964, Léon Mba réussit à se débarrasser de Jean-Hilaire Aubame grâce à un procès des putschistes devant une cour dirigée par Léon Augé et qui comprenait entre autres André Mintsa, Polycarpe Joumas et Aristide Issembé. Léon Mba avait déjà évoqué l'idée d'un parti unique. Il estimait que le Gabon naissant n'avait pas besoin de plusieurs têtes sinon il ne progresserait pas. L'idée a été mise à nue et rejetée par Aubame et Sousatte en 1963. C'est donc ce rêve qu'Omar Bongo

72 Parti de l'Unité Gabonaise

73 Premier prêtre, mort en 1934 pendant l'exil en Oubangui Chari de Léon Mba

Ondimba a réalisé en 1968.

Pendant le règne du parti unique, l'opposition ne devait pas exister. Et il n'y a rien d'autre à dire que ce que nous avons dit, c'est-à-dire que l'opposition aurait totalement sombré sans ses antennes extérieures et sans la détermination, sur le territoire, des leaders du MORENA ou des personnes comme Agondjo, Djohou-Boma et Rendjambé.

Après la fin du parti unique, les relations entre le pouvoir et l'opposition ont été plus chaleureuses. Après la Conférence Nationale de 1990, Omar Bongo Ondimba a compris qu'il était préférable pour lui de collaborer avec cette opposition pour l'intégrer dans son système de gestion des affaires et de créer ses opposants, le tout étant rythmé par des promotions et des dons susceptibles de changer les vies des bénéficiaires. En cela Paul Mba Abessole, Mapangou Mucani Muetsa, Divungui di Ndingue, Serge Mba Bekale, Simon Oyon'Abaa et bien d'autres sont considérés comme des traitres. Avec eux, c'était le temps de la convivialité politique.

La mort d'Omar Bongo Ondimba en 2009 a mis fin à cette forme de collaboration entre le pouvoir et l'opposition. Il y a eu avec sa disparition comme un affranchissement. Les anciens opposants comme AMO sont revenus à leurs premiers amours. Le pouvoir actuel clame que c'est la perte des privilèges qui fait partir les anciens barons du PDG pour former une opposition nouvelle. Ce n'est pas tout à fait vrai. Il y a de profonds désaccords. Presque tous assument l'héritage d'Omar Bongo Ondimba et beaucoup d'entre eux auraient pu continuer à jouir des biens du pays. Mais il y a effectivement que tous considèrent que les fondements de la démocratie établis en 1990 sont tous en péril. Et puis il y a une forme de prise de conscience et une volonté de corriger aussi les erreurs du passé sur lesquelles surfent les tenants du pouvoir actuel.

Les relations sont donc très tumultueuses. Il faut relever à toutes fins utiles que les longues années de pouvoir d'Omar Bongo Ondimba ont permis de créer des liens indestructibles entre les familles dirigeantes. Il y a eu des mariages entre les Bongo et les Myboto, entre les Gondjout et les Chambrier, par exemple. Jean Ping, rappelons-le, a eu des enfants avec Pascaline Bongo Ondimba. Ali Bongo Ondimba a eu un enfant dans la famille de Jean-François Ondo Ndong. Et il y a beaucoup d'autres exemples. Les familles se tiennent entre elles, les clans aussi et finalement les tenants du pouvoir ont des intérêts dans l'opposition et des opposants radicaux ont des intérêts dans le régime en place. Il est difficile de faire la part des choses. Cela n'est pas si mal en situation de crise car les leaders politiques des deux camps auront souvent tendance à rechercher le consensus.

Que représentent alors Jean Ping et les forces d'opposition aux élections présidentielles de 2016 ?

Jean Ping est entré dans l'opposition à un moment où celle-ci commençait à manquer cruellement de figure de proue. Il y avait certes les Eyeghe Ndong, Myboto, Oyé Mba et Moukagni Iwangou mais l'absence, pour cause de maladie, d'AMO et la mort prématurée de Pierre Mamboundou privaient cette opposition d'un genre nouveau d'un leader capable de porter son étendard. Jean Ping, fidèle parmi les fidèles d'Omar Bongo Ondimba, beau-fils de ce dernier, ancien président de la commission de l'UA[74] et dont on imagine le portefeuille plein, a rapidement rassemblé autour de lui, détruisant au passage la base de l'UN dont il a tiré un groupe nommé Les Souverainistes. En deux ans, celui qui a rappelé à juste titre qu'il est le frère de Pierre Agondjo[75] et de Joseph Rendjambé[76] a démontré que lui non plus n'a pas peur.

Jean Ping, porté par des stratèges politiques, a réussi deux paris: conquérir l'électorat fang présenté comme rebelle et qui a souvent donné au régime ses détracteurs les plus virulents et rallié à lui, en pleine campagne, les autres mentors de la présidentielle, c'est-à-dire Casimir Oyé Mba, candidat de l'UN fondé par André Mba Obame et Zacharie Myboto, et, Guy Nzouba Ndama, président de l'Assemblée nationale pendant 20 ans. Dans cette Galaxie Ping se retrouvent ceux et celles qui ont conçu et mis en place le système politique actuel gabonais. Les anciens comme Eloi Chambrier et Jean-Marc Ekoh mais aussi des personnalités comme Léon Paul Ngoulakia, René Ndémézoo, Louis-Gaston Mayila, Michel Menga, Divungui di Ndingue et Paulette Missambo qui connaissent le Gabon pour l'avoir dirigé pendant des décennies.

C'est donc une coalition qui donne à l'opposition une autre image et une autre force. La preuve en est que la présidentielle de 2016 est certainement la plus indécise depuis 1993. Pour la première fois, le parti au pouvoir s'est plaint de fraude. Les premiers chiffres rendus publics donnaient très peu de chances à Ali Bongo Ondimba de l'emporter. En d'autres termes, c'était la première fois depuis 1993 et le Hold-up électoral d'Omar Bongo Ondimba, que l'alternance

---

74 Union Africaine

75 Premier avocat leader politique qui a subi les affres du parti unique et codirigé l'opposition à partir de 1990

76 Universitaire et membre influent de l'opposition, pièce maitresse de la Conférence nationale de 1990 assassiné au lendemain de cette conférence

politique avait un sens pour les Gabonais.

Du point de vue historique, cette élection est la première où un candidat de l'opposition prétend avoir largement battu le candidat du parti au pouvoir. Souvent les écarts annoncés n'ont jamais dépassé les dix points. L'équipe de Jean Ping annonçait avoir obtenu plus de 60% des voix contre un peu plus de 30% pour Ali Bongo Ondimba. Ce sont des chiffres absolument hallucinants qui ont eu le mérite de mettre le PDG dans un état assez inhabituel. Autre élément à souligner, les observateurs ont indiqué que le scrutin avait eu lieu dans le calme. Mais les Gabonais ont toujours voté dans le calme. En 1966, malgré les intimidations faites aux membres de l'opposition, le vote s'est déroulé dans le calme. En 1993, 1998, 2005 et 2009, toujours dans le calme. Les troubles sont souvent intervenus après la proclamation des résultats qui n'ont pas souvent correspondu à la vérité, selon l'opposition. Dernier élément, le taux de participation. Depuis le retour au multipartisme, le taux d'abstention n'a cessé de croître.

1993 a vu un taux de participation important parce que les Gabonais croyaient en l'alternance après avoir vu comment au Bénin et en Centrafrique ça avait bougé. Mais la déception fut grande. En 1998 et 2005, les citoyens ne sont pas allés au vote. Mais en 2009, il y a eu un retour aux urnes. Les conditions de préparation du scrutin de cette année et la difficulté de l'opposition à choisir rapidement un candidat et à définir un projet de société commun plus tôt ont impacté sur les inscriptions sur les listes électorales. Mais au finish, ce sont 628 000 personnes qui étaient appelées aux urnes. Le taux de participation a finalement été plus élevé que ce que l'on aurait imaginé.

Quoi qu'il en soit, la vie politique au Gabon sera toute autre au lendemain de cette élection présidentielle.

D'ailleurs le directoire du RPG s'est réuni en Conseil exécutif, mercredi 31 mai 2017, à son siège. Autour du président, Paul Mba Abessole, la rencontre des cadres de cette formation politique avait pour objectif principal le compte-rendu des travaux du Dialogue politique initié par Ali Bongo.

Le chef de la délégation du RPG à ces assises d'Angondjè, Raymond Placide N'Dong Meyo a livré aux siens, l'essentiel des réflexions menées durant plusieurs semaines. L'orateur a fait l'économie des travaux qui, selon lui, ont tourné autour de l'ambiance qui a prévalu et du protocole d'accords ayant sanctionné lesdites assises. Fort de cela, le Conseil en a pris acte, tout en félicitant ses représentants pour leur participation.

Par ailleurs, le parti de Paul Mba Abessole a estimé que, conscient de ce que le nouveau Gabon est en gestation et que les résolutions dudit Dialogue, loin d'être une panacée, constituent néanmoins des pas en avant pour notre jeune démocratie en construction. Aussi, le RPG nourrit-il l'espoir que les conclusions auxquelles sont parvenues les parties prenantes, seront traduites en actes, tout en respectant l'esprit et la lettre de celles-ci.

En outre, les Gabonais ont été invités par les compatriotes Rpégistes à transcender les clivages majorité-opposition en mettant en œuvre, un système au-dessus des querelles partisanes nées des conflits des egos. De même, le Conseil exécutif du RPG a saisi l'occasion pour préconiser la mise en place de la voie nouvelle dont la matrice est, selon le RPG, la tétravalence qui repose sur la synergie des intelligences et des compétences.

Rappelons que le RPG qui a pris part aux assises initiées par le chef de l'Etat, avait également participé au Dialogue convoqué par l'opposant Jean Ping en décembre 2016. Une position qui cadre avec la culture du dialogue inscrite dans l'esprit de cette formation politique, surtout quand il s'agit de débattre des sujets d'intérêt national, a insisté le porte-parole du Conseil exécutif.

Paul Mba Abessole incarne la trahison du peuple et a perdu tout crédit en préférant la voie du dialogue à celle de la démocratie. Le RPG est une coquille vide que, depuis les coulisses, l'homme au béret aura bien du mal à maintenir en un seul morceau.

Mais que diable se passe-t-il donc dans ce Gabon empêtré dans la broussaille des connivences machiavéliques, la boue du parasitisme politique et le marasme du clientélisme pacificateur? Triste culture, hélas, que celle inculquée aux Gabonais par Omar Bongo Ondimba, culture qui substitue à l'art de bien gouverner les ignobles principes de l'art du bien bouffé?

Il ne suffit pas de se plaindre, encore faut-il savoir pourquoi on se plaint et ce qu'on attend comme résultat de la plainte.

D'aucuns ont toujours avancé l'épouvantail de la guerre civile pour justifier la paix des ventres. Mais ils ont oublié, en faux psychiatres qu'ils sont, de dire que dans un environnement carcéral exemplifié par la prison, la paix existe aussi, mais la liberté n'est nulle part. Comme quoi paix ne veut pas dire absence de prison ou présence de liberté. Les Gabonais vivent dans une prison qu'on essaie de leur faire supporter en leur offrant l'illusion de la paix. Mais pendant qu'on célèbre la paix, des parasites volent l'argent qui aurait pu permettre d'éduquer et de soigner les Gabonais. Dans un pays où un enfant sur cinq ne voit pas son premier anniversaire à cause du manque de structures sanitaires et hospitalières adéquates, où 62% des Gabonais vivent sous le seuil de pauvreté, la prison est permanente. Le deuil aussi.

Autrement dit, paix au royaume du mépris des institutions n'est que paix à la matraque et avec menottes, paix du chantage politique et du terrorisme d'état, paix par la corruption des âmes et des valeurs cardinales qui régissent les hommes.

Regardez vous-mêmes. Au moment où le prix du baril de pétrole a presque triplé, c'est-à-dire rapporte au Gabon trois fois plus de revenus qu'en 2000, sept ans plus tard, on ne voit pas où tout cet argent est passé. Du baril à 25 dollars au baril à près de 75 dollars de ces dernières années, on ne voit nulle part l'amélioration du quotidien des Gabonais qui aurait dû en découler. Pire, le Gabon en est encore aujourd'hui à emprunter de l'argent pour construire des routes. Sur un programme de construction de routes et autres types d'infrastructure de base s'élevant à près de 161 milliards de francs CFA, l'Etat a emprunté près de 140 milliards de ladite somme. Mais ce n'est pas tout. Non seulement les Bongo et tous leurs acolytes bouffent l'argent issu de la manne pétrolière, ils finissent aussi par détourner les quelques milliards empruntés au nom des Gabonais pour de faux programmes routiers et autres qui ne verront jamais le jour. Et ce type de manèges dure depuis 40 ans. Quel drame !

Il n'y a donc que ceux qui ignorent réellement le Gabon qui se poseront encore des questions sur le médiocre inventaire du règne du dictateur septuagénaire du Gabon, homme irrémédiablement atteint du virus de l'incompétence et de la malhonnêteté.

Un pays riche qui compte 62 % de sa population vivant sous le seuil de pauvreté, un chômage qui frappe 61 % des femmes et 39 % des hommes, une mortalité infantile plus qu'inexplicable, voilà la piteuse image du Gabon, pays de contradictions et d'excès en tous genres. Oui, ce Gabon des paradoxes qui occupe le 122e rang sur 177 au classement mondial de l'IDH[77]! Un tableau d'autant plus scandaleux que ce classement a encore baissé, avec un Gabon pourtant considéré comme une puissance minière pleine d'essences de qualités,

77 Indice de Développement Humain

sans oublier le pétrole qui fut fief traditionnel d'Elf, puis de Total, alors que le pays ne compte même pas, en réalité, plus de deux millions d'habitants.

A défaut, donc, de progrès, d'améliorations et autres indices prometteurs, c'est le naturel animal d'Omar Bongo Ondimba et de sa clique qui revient simplement à grands galops, car au Gabon, les parasites qui sévissent dans le pays ne se sont pas encore affranchis de leur animalité phylogénique. Evidemment, quand un pays est dirigé par un individu qui n'a qu'un seul neurone pour gérer autant d'équations pourtant simples, bien évidemment il sature très vite et se livre, faute de frein moral, à l'arbitraire et aux loisirs bassement primaires.

Aux étudiants gabonais mécontents aujourd'hui du manque de dignité auquel les accule le régime intellecticide d'Ali Bongo Ondimba, au peuple gabonais agonisant sous le mépris du dictateur, nous demandons l'esprit du devoir et le devoir de l'esprit. Que tous ceux qui se prétendent différenciés intellectuellement, socialement ou culturellement gravent dans leur mémoire la réflexion suivante: L'inféodation d'un citoyen qui se fait, par conviction ou par nécessité, chantre d'une opposition mensongèrement radicale ou d'un régime basant toute son existence sur la promotion du crétinisme politique d'un gourou incompétent, est toujours le résultat d'une profonde carence d'objectivité et d'esprit critique. C'est ainsi que, même devant des faits et chiffres démontrés universellement, l'on trouvera encore au Gabon, des unicellulaires en train de faire croire aux naïfs que le changement au Gabon pourra encore survenir sur la base du simple débat démocratique. On s'obstine encore au Gabon à vouloir faire entretenir l'illusion aux yeux des jeunes et des pauvres qui ne voient pas encore. Mais combien de crimes, de vols, de viols et de méchanceté faut-il encore qu'Ali Bongo Ondimba déverse sur les Gabonais pour que nous comprenions que le Gabon ne sera jamais démocratique de son vivant, et encore moins du vivant de ses descendants qui comptent bien pérenniser leur œuvre ?

Rendons-nous donc à la seule évidence possible. La seule solution au bongoïsme, aujourd'hui, demeure dans le refus catégorique de la bêtise illusionniste que les ennemis du peuple sont en train de servir actuellement aux Gabonais. Et pour être de la plus haute efficacité, ce refus se devra d'être révolutionnaire.

Si le Gabon avait eu pour président de la république au sortir de l'élection présidentielle de décembre 1993, Paul Mba Abessole, il serait déjà à un niveau de développement enviable dans la sous-région.

Quand on observe bien tout ce qui se fait et se dit aujourd'hui, on se doit d'être honnête de lui attribuer tout le mérite pour avoir eu raison trop tôt. Paul Mba Abessole a planté et ses idées commencent à produire des fruits au niveau de la République. Cet homme n'a-t-il pas axé sa politique sur l'homme en parlant de sa tridimensionnalité? C'est-à-dire travailler l'homme sur les trois plans que sont le corps, l'âme et l'esprit.

Aujourd'hui, où en sommes-nous? Que font aujourd'hui ses détracteurs d'hier? Ils suivent tous ses traces même si c'est parfois de façon assez maladroite et très souvent médiocre.

La **Fête des cultures** édition 2018 qui vient de s'achever est son œuvre lorsqu'il présida le conseil municipal de la commune de Libreville. C'était plus à son époque, une fête de la diversité, de la rencontre de plusieurs cultures, la découverte de l'autre. Et son passage fut des plus brillants, l'une des preuves, ce sont les marchés modernes construites dans tous les arrondissements, etc.

Lorsque Paul Mba Abessole clamait haut et fort son slogan **d'école cadeau, hôpital cadeau, travail pour tous et logement pour tous** que n'avons-nous pas entendu comme railleries et moqueries de la part des opposants d'aujourd'hui et pedegistes d'hier et la plupart sont encore même aux affaires à l'heure actuelle.

Quand on entend aujourd'hui parler de CNAMGS[78], d'accouchement gratuit, de logements sociaux avec la construction de 5000 logements par an, de un jeune, un métier, on ne peut que s'étonner. Et on est donc en droit de crier: que de temps perdu pour des raisons ethniques, d'egos et d'intérêts personnels.

C'est encore lui qui avait demandé au peuple gabonais de résister au sortir de la mascarade électorale de 1993 dont le gouverneur de l'Estuaire Pauline Ngnigone arbore encore tous les stigmates, en créant le Haut Conseil de la Résistance à la suite de celui de la république. Et si seulement le peuple avait suivi et que l'appel des braves n'était pas intervenu, il est sûr que nous n'aurions plus connus les pires atrocités d'aujourd'hui incarnées par Ali Bongo Ondimba. Mais tout de même, sa vérité est en train de germer dans ce pays.

La démocratie ne consiste pas à mettre épisodiquement un bulletin dans une urne, à déléguer les pouvoirs à un ou plusieurs élus puis à se désintéresser, s'abstenir, se taire pendant cinq ans. Elle est action continuelle du citoyen non seulement sur les affaires de l'Etat, mais sur celles de la région, de la commune,

78 Caisse Nationale d'Assurance Maladie et Garantie Sociale

de la coopérative, de l'association, de la profession. Si cette présence vigilante ne se fait pas sentir, les gouvernements[79], les corps organisés, les fonctionnaires, les élus, en butte aux pressions de toute sorte de groupes, sont abandonnés à leur propre faiblesse et cèdent bientôt, soit aux tentations de l'arbitraire, soit à la routine et aux droits acquis. La démocratie n'est efficace que si elle existe partout et en tout temps.

D'ailleurs, la Journée Internationale de la Démocratie a été instituée, le 8 novembre 2007. Elle est maintenant célébrée, le 15 septembre de chaque année, en commémoration de l'adoption, le 15 septembre 1997, de la Déclaration universelle de la démocratie par l'Organisation des Nations Unies.

Cette journée nous incite à développer de plus en plus la participation du peuple à tous les débats politiques, économiques, sociaux et culturels, dans notre pays.

Un promoteur de la paix doit être avant tout humble. L'humilité s'oppose à l'orgueil, à la suffisance, à l'arrogance. Elle n'est pas une vertu pour ceux qui considèrent que, sur terre, il n'y a que des forts et des faibles et qui se placent, bien sûr, dans le rang des forts. Ces gens-là sont imbus d'eux-mêmes, capable d'éliminer physiquement les autres pour satisfaire leur égo. Pour eux, admettre ses limites et reconnaitre ses erreurs est une faiblesse.

En promoteur de la paix, Paul Mba Abessole a utilisé de nombreuses métaphores en expliquant ce qu'il entend par le repas de l'enfer ainsi que celui du ciel. En enfer, chacun cherche désespérément à se servir avec sa fourchette. D'où la bagarre entre les invités, car chacun veut absolument se servir lui-même. C'est le règne de l'égoïsme, du chacun pour soi. La bagarre est généralisée. La paix n'est pas possible en enfer à cause de l'égoïsme. Au ciel, il en va autrement. Les convives trouvent de suite le secret du service de l'autre. Chacun comprend qu'il faut servir l'autre et ce dernier fera autant pour soi. On assiste donc à un repas partagé dans la convivialité. Et la paix règne entre les participants.

La société gabonaise est très divisée au point de constituer un obstacle à la paix. Nous en sommes tous responsables à un titre ou à l'autre. C'est au peuple d'aspirer à une paix pluridimensionnelle: politique, économique, sociale, culturelle et religieuse.

Travailler pour la paix en soi-même, autour de soi, n'est pas chose aisée. Car cette lutte est engagée aussi bien contre la nature animale que contre celle de

79 Quels que soient les principes dont ils se recommandent

l'homme. On se situe là dans le monde spirituel où les intérêts personnels ne priment plus. Le monde spirituel marche avec d'autres règles; il vise d'autres objectifs cachés depuis le commencement de la vie qui ne peut s'épanouir que par la parole de celui qui est vie et qui proclame son autorité.

Paul Mba Abessole ne parcours ni les quartiers, ni le pays, ces derniers temps. Beaucoup se demandent ce qu'il pense, parce qu'il ne s'exprime guère dans la presse. Il laisse cela à d'autres qui se targuent d'être des opposants aujourd'hui alors qu'ils ont participé activement au pillage de notre pays et n'ont usé de leur intelligence que pour empêcher le Gabon d'avancer. Ils savent ce qu'ils ont fait, on ne peut pas se mentir à soi-même. On peut jouer la comédie, mais personne n'est dupe, depuis les adultes jusqu'aux jeunes qu'à tort on croit ignorants.

Paul Mba Abessole choisi de garder le silence non par désintérêt de ce qui se passe, mais pour écrire sur certains sujets[80] qu'il estime importants et sur lesquels d'ailleurs il a donné un avis, dans le passé. Malheureusement, les mots se sont envolés; ceux qui l'ont écouté, pendant des années, les ont oubliés. Il regrette de n'avoir pas décidé d'écrire plus tôt, car s'il l'avait fait, on ne se demanderait pas ce qu'il pense aujourd'hui. Paul Mba Abessole crois avoir pourtant répété les mêmes idées, les mêmes convictions, depuis plus de vingt ans.

Des ragots lui parviennent. Certains relèvent de l'intoxication, d'autres de la haine gratuite et des mensonges flagrants. Son parti, à travers les vingt dernières années, est resté sur sa ligne idéologique. Il défend toujours les mêmes idées sur l'homme, l'éducation, la santé, l'organisation des élections et son ambition pour le Gabon.

Personne n'est naïf. Quand on trahit un innocent, il y a toujours un témoin secret qui voit et enregistre le contenu de l'enveloppe. Bref, le temps de la polémique sévère viendra. Il le faut, car les lâches et les traîtres d'hier se présentent aujourd'hui comme des héros devant les jeunes parce que ces derniers ne savent pas ce qui s'est passé depuis 1946.

80 Paul Mba Abessole, **Aux sources de la culture Fang**, L'Harmattan, 27 janvier 2007, 103 p., broché (ISBN 229602274X et 978-2296022744)

Paul Mba Abessole, **Comprendre le mvet : à partir du récit de Zong Midzi Mi'Obame**, L'Harmattan, janvier 2011, 110 p., broché (ISBN 978-2-296-13880-3).

Paul Mba Abessole, **La langue Fang aux éclats**, Les Editions Ntsame, janvier 2012, broché

Chacun de nous se présentera d'abord, fera connaître son histoire personnelle, car on ne peut pas parler valablement de notre histoire nationale si nous ne connaissons pas notre histoire personnelle. Paul Mba Abessole n'aime pas avoir affaire à des gens qui vivent dans la peur permanente de voir dévoilées leurs turpitudes.

Ce qu'il souhaite, c'est que chacun garde et entretienne sa langue maternelle. La langue maternelle est celle qui protège, ouvre le monde à nous, nous donne le statut de citoyen. C'est elle aussi qui est notre première source de connaissances. Chacune d'elles véhicule pour nous, depuis des siècles, des savoirs que nous devons redécouvrir. Si une seule disparaît, ce serait avec son monde des savoirs. Une véritable catastrophe pour nous!

N'ayons pas peur de se dire la vérité, pour se libérer. Paul Mba Abessole a par exemple fouillé dans la vie de son père et a fini par savoir qu'il était né dans la forêt où ses grands-parents avaient fui à l'annonce de la guerre de 1914-1918. C'est pour cela que son village actuel s'appelle **Ayeme-Agoula, Pont Central-la forêt**.

Autre chose, le slogan dévastateur « Tout sauf le Fang ». Nous devons en rendre le débat public, il faut en finir une fois pour toutes. Que les Fangs en discutent entre eux, les non fang entre eux et ensemble les Fangs et les non fang. Ce slogan était murmuré, il y a quelques années; personne n'y faisait attention. Aujourd'hui, il a pris de l'ampleur. On en parle de plus en plus ouvertement, sans gêne. Il s'est transformé, à l'heure actuelle, chez certains, en une sorte de haine viscérale, tellement forte qu'elle ne permet plus une discussion sereine. Nous ne pouvons pas en rester là. Il faut débattre avant qu'il ne soit trop tard. L'avenir de notre pays en dépend.

Ils vivent au Cameroun, au Gabon ou en Guinée équatoriale. Ils partagent la même culture, les mêmes langues et ont produit des générations de dirigeants. De quoi alimenter tous les fantasmes sur leurs ambitions.

C'est le débat interdit. Celui qui ne se tient ni à la télévision, ni à la radio, ni dans les amphithéâtres de l'UOB[81], même s'il est souvent chuchoté avec passion en famille, entre amis, en petit comité.

Inspirateur de ce déni, le président Omar Bongo Ondimba, qui n'a pas varié de sa ligne jacobine en quarante-deux années de pouvoir.

---

81 Université Omar Bongo

Mais si l'ethnie n'existe pas, des remèdes contre l'ethnicisme sont néanmoins administrés, sous la forme d'une politique de quotas et de partage géopolitique du pouvoir. Selon une règle non écrite longtemps en vigueur, Omar Bongo Ondimba, natif du Sud gabonais en pays batéké, choisissait invariablement son Premier ministre parmi les fangs natifs de l'Estuaire, alors que cette ethnie est présente dans cinq provinces sur les neuf que compte le pays. De même, pour recruter ses cadres, l'administration mettait en place des critères d'égalité provinciale.

Le pays n'a pas échappé pour autant aux replis identitaires favorables au vote ethnique, à la constitution de réseaux de népotisme tribal ni aux revendications d'essence régionaliste. À partir de juin 2009, quand la perspective de succéder au chef de l'État décédé a opposé frontalement ses anciens collaborateurs, le vernis de l'équilibre interethnique a craqué. La liste des candidats comptait une majorité de dignitaires fangs, dont l'ex-Premier ministre Jean Eyéghé Ndong[82], l'ex-Ministre de l'intérieur André Mba Obame[83], l'ex-ministre du Pétrole Casimir Oyé Mba[84], l'ex-vice Premier ministre Paul Mba Abessole[85]. Fangs aussi, certains prétendants plus ou moins sérieux issus de l'opposition[86] ou de la diaspora[87]. Des patriarches fangs, réunis en comité secret quelques semaines avant l'élection du 30 août 2009, ont tenté en vain d'obtenir le désistement d'AMO en faveur de Casimir Oyé Mba. Avec un tel sens politique, jamais les Fangs n'arriveront à conquérir le pouvoir, a alors dénoncé l'ancien Ministre de l'intérieur, qui s'est finalement imposé au détriment de son rival de l'Estuaire. La veille du scrutin, ce dernier se retirait de la course après avoir subi d'intenses pressions.

Les Fangs représentent selon différentes estimations entre 35 % et 40 % de la population gabonaise. Mais la classe politique non fang se méfie de leur appétence pour le pouvoir. Des politiciens peu scrupuleux se sont saisis de cette peur pour en faire un argument de campagne, s'alarmant de la volonté d'hégémonie de l'ethnie majoritaire, résolue à reconquérir coûte que coûte le pouvoir confié en 1967 au téké Omar Bongo Ondimba par le fang Léon Mba.

Frontalier avec la Guinée équatoriale et le Cameroun, le Woleu-Ntem est la seule des neuf provinces du pays qui soit quasi exclusivement habitée par le

82 Estuaire
83 Woleu-Ntem
84 Estuaire
85 Estuaire
86 Jean Ntoutoume Ngoua
87 Daniel Mengara

groupe fang. S'y rendre n'est pas aisé. Il faut parcourir plus de 500 km entre Libreville et Oyem sur une transafricaine bitumée sur certains tronçons seulement. Les plus pressés peuvent quitter la route nationale par une déviation non bitumée serpentant dans la bruine vers le nord-ouest, par Medouneu, ce bourg de près de 2 000 âmes, aux alentours du parc national des Monts-de-Cristal. À 2 km plus à l'ouest se trouve la frontière avec la Guinée équatoriale.

Jusqu'à ces dernières années, les familles établies de part et d'autre de la frontière allaient et venaient librement, enjambant allègrement les limites territoriales. Pour elles, les frontières fixées au gré des intérêts des colonisateurs français[88], allemands[89] et espagnols[90] sont moins fortes que les liens du sang et la conscience de partager les mêmes ancêtres et de parler la même langue. En plus, ces limites ont changé avec le temps. Ainsi la France dut elle céder en 1912 le Woleu-Ntem à l'Allemagne, avant que la défaite de Berlin à l'issue de la Première Guerre mondiale ne favorise le rattachement définitif de ce territoire au Gabon.

En dépit de ces péripéties, les Fangs, Ntoumous et Mvaes, qui représentent 20 % de la population au Cameroun, 80 % en Guinée équatoriale et quelques milliers de personnes au Congo, en RCA[91] et à São Tomé, n'ont jamais remis en question l'entrelacs de parentés interclaniques qui se ramifient depuis les Fangs de Libreville jusqu'aux Ewondos de Yaoundé, en passant par les Ntoumous de Bata. Ainsi retrouve-t-on des liens inattendus entre différents clans qui ont essaimé au gré des migrations du XIXe siècle. Selon des généalogistes, le président Obiang Nguema Mbasogo, du clan Essangui de Guinée équatoriale, l'activiste Marc Ona Essangui, du même clan au Gabon, et le directeur du cabinet civil à la présidence de la République du Cameroun, Martin Belinga Eboutou, du clan Esse de Zoétélé[92], auraient le même ancêtre. Et le président camerounais, Paul Biya, un Bulu de Mvomeka'a, dans le Cameroun méridional, est beti, un groupe rattaché aux Fangs.

Ce qui fait le fond du caractère du Fang, c'est l'indépendance. Il ne veut se soumettre à personne et entend être le maître absolu de sa famille et de ses biens. Aussi, le rêve absolu de tout Fang est de vivre seul avec les siens.

La question Fang ne date pas d'hier. Des tentatives d'unification eurent lieu,

88 Gabon
89 Cameroun
90 Guinée-Equatoriale
91 République Centrafricaine
92 Sud

notamment en 1947, lors du congrès de Mitzic réunissant autour des Fangs du Gabon, ceux du Cameroun et de Guinée équatoriale. Cette préfecture traversée par la route du Nord à 400 km de la capitale, Libreville, est une ville-symbole qui entretient la mémoire de la résistance au colonisateur, mais aussi celle de la bataille entre forces de la France libre et troupes vichystes. Léon Mba, futur président du Gabon, fut porté à la tête du congrès. Mais les querelles de personnes empêchèrent le consensus. En jeune leader venu de la côte et formé à l'école catholique, il s'était montré trop ouvert à des influences extérieures, s'aliénant ainsi une partie des délégués issus pour la plupart du Nord. Ces derniers lui reprochèrent notamment de prôner l'extension du bwiti[93] parmi les Fangs, alors que ce syncrétisme était issu des Mitsogos[94]. Ils lui firent également grief de fréquenter les milieux francs-maçons et communistes de Libreville. Élu président du pays en 1961, Léon Mba, rongé par un cancer, acheva de trahir la cause en confiant le pouvoir à Omar Bongo Ondimba, un Téké du Sud. D'où une profonde fracture entre Fangs du Nord et ceux de l'Estuaire, d'autant que ces derniers se sont consolés avec le poste de Premier ministre.

Fracture aussi avec les Mpongwés, un sous-groupe européanisé et très métissé d'ascendance Myénée, des autochtones de l'Estuaire qui cohabitaient avec les Fangs depuis leur arrivée au XIXe siècle. Dans sa tendance à créer une hiérarchie entre les ethnies, l'administration coloniale avait tout d'abord élevé les Fangs au rang de peuple savant en magnifiant ces hommes grands et clairs venus des rivages du Nil dans la Haute-Égypte et des Grands Lacs. Au départ déconsidérés par le colonisateur français à cause de leurs royautés esclavagistes et décadentes, les Mpongwés ont ensuite été mis en avant et en concurrence avec les Fangs, quand le colonisateur comprit la difficulté de domestiquer ces derniers et l'impossibilité de les intégrer dans les cadres coloniaux. Les Fangs sont donc restés les grands perdants de l'État moderne au Gabon, un État qui n'a cessé de brider leur influence. Plusieurs décennies d'instrumentalisation politicienne ont eu des effets néfastes sur le vivre-ensemble.

Aujourd'hui, les Fangs se sentent mal aimés et se plaignent de discrimination. Quand on est originaire du Woleu-Ntem, on est soupçonné de manquer de patriotisme.

Nos ennemis communs, ce sont la corruption, les détournements de l'argent de l'État et l'impunité.

93 Religion traditionnelle
94 Une minorité du centre du pays

Issues d'un ancêtre commun il y a plus de 180 millions d'années, les Fangs se sont répandues dans le monde entier, dans tous les milieux naturels au cours des siècles. Les Fangs du grand nord du Gabon sont parmi les plus évoluées des espèces connues. Cette hypothèse situe également l'origine des Fangs à la Haute-Égypte. Les Fangs se diversifient très rapidement et sont estimé aujourd'hui à des millions d'individus qui chaque jour fécondent. Appelées aussi Ekang, ils vivent en sociétés nombreuses et très organisées, dans les villages, villes et pays ou les forêts mixtes. Ils s'adaptent à toutes conditions environnementales.

Lorsqu'il arrive dans un milieu inconnu, le Fang s'adapte à la situation et l'ambiance environnementale. Vite il s'installe et appelle ses parents ainsi que des amis et connaissances à visiter son nouveau milieu. Et alors le milieu devient fang, langue fang, éducation fang, rythme fang et impose leur manière de vivre qui est toujours du côté du bien-être de tous.

Venue du grand nord du Gabon, les Fangs du grand nord ont envahi tout le Gabon du nord au sud et de l'est à l'ouest malgré les différents qui les opposent aux hommes politiques et non aux patriotes civils. La cohabitation avec d'autre ethnie a toujours été au beau fixe à part la haine et les divisions entretenues par certains hommes politiques.

Un Fang qui réussit, c'est la victoire d'une famille entière de près de 100 têtes. Les Fangs ont compris très tôt que l'homme venu d'occident[95] avait beaucoup de choses différentes en tête, et pour connaitre aussi ce que l'homme Blanc avait, le Fang se lance dans une course à l'éducation des progénitures ainsi à part l'école traditionnelle[96] vient l'école moderne des salles de classe avec un enseignant. Très vite ils ont gagné et sont allez plus loin jusqu'aujourd'hui.

Il est général de son comportement, le Fang aime les situations compliquées, il aime faire face au ennemis et cherche toujours une éventuelle solution. La fin n'est qu'une étape de fait pour le fang, une étape normale de l'existence humaine en mal ou en bien sa finition est évidente.

En attendant, on ne peut pas exclure presque 40% de la population des postes de responsabilité sans arguments valables.

A partir du moment où tu n'as aucune raison valable de haïr quelqu'un, tu dois changer d'attitude vis-à-vis de lui, sinon tu te fais du mal à toi-même et à tes enfants. Et même si tu as des raisons valables, tu ne peux pas couvrir un groupe

95 Colon
96 De parents aux enfants

humain d'opprobre à cause des manques de certains de ses membres. Chacun doit être responsable de ses actes. Personne ne doit subir les conséquences des actes posés par d'autres.

Pour Paul Mba Abessole, le vrai problème est celui des enfants que les Fangs ont abandonnés dans le sud du Gabon. Imaginons tous les fonctionnaires Fangs qui ont travaillé, dans le sud du Gabon, y ont laissé, chacun, au moins deux enfants, depuis cinquante ans. Cela fait un bon nombre. Ces enfants savent qu'ils sont nés des fang, leurs mamans le leur ont dit.

On devine l'état psychologique d'une femme abandonnée, avec un ou plusieurs enfants. Parce que frustrée, elle en veut nécessairement à l'homme qui l'a abandonnée. De plus, elle inscrit cette haine dans le cœur de ses enfants. Ces derniers, pour bon nombre, intelligents, ont fait de grandes études et occupent, aujourd'hui, de hauts postes dans l'administration. Frustrés comme leurs mamans, ils ne peuvent qu'être contre leurs pères Fangs défaillants et, par conséquent, déversent ce ressentiment sur tous les Fangs qui, à leurs yeux sont mauvais, méchants, arrogants.

Il faut que les Fangs qui ont laissé des enfants dans le sud du Gabon les retrouvent, les reconnaissent pour qu'on en fasse un inventaire complet. Les enfants eux-mêmes peuvent se déclarer si leurs mamans sont mortes. Le premier devoir est de reconnaître, ensuite procéder à une indemnisation symbolique afin de réconcilier les familles. Ainsi mettrons-nous fin à tous les ressentiments que nous connaissons. L'Etat doit apporter sa contribution pour arriver à cette réconciliation générale.

Parlons un peu du népotisme[97] qui désigne de nos jours et par extension, une pratique qui, pour un responsable élu, haut fonctionnaire, notable, dirigeant d'entreprise, consiste à distribuer des honneurs, des avantages ou des postes, à des membres de sa famille, à des amis ou à des proches plutôt qu'aux personnes qui y ont droit ou qui sont les plus compétentes.

Cette pratique est malheureusement généralisée chez nous. On voit, à certaines fonctions, dans l'administration, des hommes et des femmes qui, manifestement, ne sont pas à même de les assumer. Naturellement, pour cacher leur incompétence, ils sont arrogants et n'acceptent aucune remarque, aucune proposition des collaborateurs. Les résultats de cette pratique sont évidents: une administration incompétente, inefficace, paresseuse. A cause d'elle, l'Etat est

97 Du latin **nepos,tis**

bloqué en bien des points.

Autre système à proscrire, le tribalisme. Il est basé sur une organisation de la société fondée sur l'appartenance des individus à des clans ou à des communautés culturelles. Il a gagné du terrain, malgré les déclarations des uns et des autres sur le mal que cette pratique fait à notre pays. On accuse naturellement les autres d'être tribalistes, mais on ne l'est pas soi-même. Certains comportements par rapport à ce mal donnent une impression de résignation.

Nous vivons aussi un sectarisme politique sans précédent. On voit tout à travers les partis politiques; les hommes et les femmes, dans notre pays, n'ont plus de personnalité, on les identifie tous à des partis politiques qui, de ce fait, se sont transformés en véritables prisons. La vraie identité d'un individu, ce n'est plus son nom, sa date de naissance, les noms de ses parents et sa profession, mais l'appartenance ou non à un parti politique. C'est en fonction de cette appartenance que l'on est agréé.

Dans ces quatre domaines, des abus innombrables. On ne pense plus au pays. Chacun se remplit les poches le plus possible. Mais rien ne se fait pour le bien de l'ensemble. Tout le monde s'en plaint, mais personne ne fait rien.

Si le gouvernement dont la tâche est de prendre des décisions passe son temps à se lamenter, qui va alors décider ? Chacun croit faire la politique. On fait des réunions dans les quartiers, on distribue de l'argent pour se faire bien voir en vue des prochaines élections. On ne pense pas au travail à réaliser, mais aux élections.

Chacun est déjà en train de confectionner ses listes. De moins en moins d'enfants vont à l'école par manque de moyens financiers. Dans les hôpitaux on soigne peu ou mal, alors que nous avons des médecins compétents. On ne prend aucun problème à bras le corps pour le résoudre durablement. Toujours la fuite en avant. On continue à faire la politique, mais pour qui ? Et pour quoi ?

Nous avons connu, pendant la colonisation, un système politique multipartiste. Il marchait bien, parce que la puissance coloniale veillait pour maintenir l'ordre et la paix. Nous étions donc sous surveillance. Toutes les élections se passaient bien dans le calme et la sérénité, dans la transparence, sans violence. Puis l'indépendance est venue dans les conditions que nous savons. Et à partir de 1963 ont commencé les tensions qui ont entraîné le coup d'Etat de 1964 dont on connaît mal les dessous. Léon Mba n'aura dirigé vraiment le Gabon qu'entre 1960 et 1963. A partir de 1965, il était malade et se battait contre la maladie qui le rongeait et contre ses frères Fangs. Il est mort sans avoir pu mener jusqu'au bout un seul de ses grands projets.

Omar Bongo Ondimba lui succéda. Il analysa la situation et arriva à la conclusion qu'il fallait dissoudre tous les partis. Ce qu'il fit et il en créa un, le PDG, en 1968. Il mit en place le système du monopartisme, pensant en finir définitivement avec les tensions. Ce système a duré vingt-trois ans et a montré aussi ses limites, avec tous les abus que tout le monde a dénoncés: le tribalisme, le népotisme, l'occupation des postes dits juteux réservés seulement à un groupe, les détournements des fonds publics, les violations des droits de l'homme, les crimes impunis.

C'est ainsi qu'on est revenu au multipartisme en 1990, dans le désordre, en quelque sorte. Nous sommes sortis de la Conférence Nationale sans un consensus prospectif et durable. On a écrit des textes fondés non pas sur la réalité de notre vie, mais sur des vœux basés sur des choses extérieures. Nous vivons ce multipartisme depuis une vingtaine d'années. Nous nous rendons compte de ses limites aussi. Nous y retrouvons ce que nous avons reproché au monopartisme, parfois même en pire. Nous continuons à nous poser la question de savoir ce qui nous permettrait de nous en sortir. Nous avons l'impression d'avoir tout essayé. On ne sait plus quoi faire.

Le système de la majorité est le principe de l'injustice et de la guerre. La vérité n'est pas synonyme du nombre. Un petit groupe peut avoir raison d'un grand groupe parce qu'il détient la vérité. C'est avec celle-ci qu'on bâtit la paix et l'unité.

Un pouvoir qui ne sait pas, qui a peur de défendre un faible est un pouvoir corrompu.

Notre solution est sur terre et, en particulier, au Gabon, entre nos mains, dans nos cultures. Ici, les partis politiques ne nous sont d'aucun secours. Ils nous ont poussés à abandonner nos valeurs pour faire de nous ce que nous sommes aujourd'hui: des déracinés sur notre propre territoire, des égoïstes, des sacrificateurs des êtres humains pour avoir des places. Leur création, en 1990, nous a fait faire un bond en arrière.

Nous n'avons pas compris que les partis politiques, dans leur forme actuelle, dans le monde, ont été créés pour les peuples qui n'avaient pas d'unités sociales de base organisées. Ils les ont créés pour remédier à ce manque. Il n'en est pas ainsi pour nous. Nous avons, nous nos communautés culturelles, comme unités sociales de base, à partir desquelles nous pouvons concevoir notre système politique adapté à nos mentalités. Elles ont chacune une langue, c'est-à-dire une bibliothèque dont les livres nous informent sur tous les domaines de la vie et sur la gestion d'un groupement humain. Nous avons nos valeurs de référence propres qui rejoignent en bien des points celles des autres peuples non seulement de l'Afrique, mais également du monde.

Nos communautés fonctionnaient sous le mode collégial dont le principe était la participation de tous à la discussion, chacun donnant son point de vue en toute liberté. On recueillait toutes les opinions et puis on allait à l'essok ou le nzimba pour en faire une synthèse que tout le monde acceptait. C'est à partir de là que la décision finale se prenait et on passait à l'action. Le collégialisme part de la liberté d'expression de tous pour arriver à des solutions durables.

Dans le système collégial, il n'y a pas de porte-parole, le porte-parole[98] déforme souvent la pensée qu'il rapporte, soit consciemment, soit inconsciemment. On préfère que chacun s'exprime soit par la communication linguistique soit par des gestes. L'erreur ou le mensonge, pensait-t-on, ne pouvaient pas permettre de prendre de bonnes décisions. La seule bonne décision est le consensus. Toute autre espèce de décision ne peut qu'à la longue engendrer la violence dans une communauté.

Ainsi le principe Majorité-Opposition, dans ce cadre, va-t-il contre le bon sens. Ce principe est basé non pas sur la vérité, mais sur la raison du plus fort. L'on sait que ceux qui sont plus forts ont toujours tendance à dominer les autres au lieu de les convaincre. L'autorité d'un chef vient de sa parole et non pas de ses richesses ni de sa force. La force du chef, c'est la raison, c'est la conformité aux valeurs sociales.

Celui qui veut devenir riche ne doit pas commander, car il aura tôt ou tard envie de corrompre les gens. On admet des divergences de vue, mais pas d'antagonisme. Une société qui garde, en permanence, en son sein, des forces antagonistes va à sa mort.

Notre pays, estimons-nous, ne pourra s'engager dans un processus de développement durable qu'après l'adoption et l'organisation d'un système

98 Député

collégial, conformément à la philosophie de nos communautés culturelles. Le système collégial de nos ancêtres est le résultat d'une évolution de plusieurs siècles.

On est passé par des étapes d'antagonismes, de guerres claniques certainement, avec l'objectif de trouver un système efficace pour maintenir les clans et leurs membres dans la paix. C'est à travers cette volonté qu'on a hiérarchisé la société afin d'éviter d'avance des conflits de compétences ou de pouvoirs.

C'est ainsi que l'aîné était toujours le chef du cadet, le père toujours chef du fils, le mari toujours chef de sa femme. Même le partage d'un gibier était prévu: on savait la partie que devait prendre celui qui a tué l'animal, celle de celui qui l'a porté de la forêt au village. Au village, selon la hiérarchie, chacun savait d'office la partie de l'animal qui lui revenait de droit. Tout était prévu pour éviter tout conflit. Chacun restait à sa place et ne voulait prendre la place d'un autre. Il a fallu des évolutions pour arriver à cette stabilité.

Notre tâche aujourd'hui est d'inventorier et de nous réapproprier tous les acquis sociaux, politiques, économiques et culturels de nos ancêtres que, de plus en plus, nous devons valoriser. Cette valorisation passe par leur reconnaissance, traduite par un statut juridique. C'est indispensable, car nos communautés culturelles vivent dans l'illégalité parce qu'elles ne sont pas reconnues par nos lois.

Elles n'ont pas droit à la parole en tant que telles, mais elles sont injustement concurrencées par nos partis politiques aussi éphémères qu'artificiels. Nos communautés culturelles, nos vrais terroirs, sont folklorisées. On utilise de temps en temps nos langues pour faire passer des messages d'intérêt commun puis on les laisse à leur place d'enfant pauvre.

Pour faire émerger notre système collégial moderne, il faut partir de notre diversité culturelle. Chaque communauté culturelle doit être considérée comme une unité administrative à partir de laquelle nous allons bâtir notre système politique. Il est nécessaire pour cela de donner corps à chaque communauté culturelle, lors d'un congrès. Au cours de ce congrès, chacune doit rédiger son cahier de charges ou cahier de doléances.

Ensuite tous les cahiers seront remis au pouvoir central qui va, à partir d'eux, confectionner un programme de gouvernement. Il est entendu que chaque problème qui se pose au pays sera d'abord débattu au niveau des unités administratives. Le mode de décision, naturellement, est le consensus. Les conclusions sont envoyées ensuite au pouvoir central pour des décisions. On verra ainsi que la diversité culturelle n'est pas une tare, ni une source d'antagonisme, mais une richesse pour le développement du pays.

Notre diversité est basée sur la nature, faite de plusieurs éléments, de plusieurs ensembles qu'elle sait utiliser pour créer un équilibre entre les différences. L'unité se fait par la rencontre de plusieurs différences qui décident de rassembler leurs efforts dans le but d'atteindre des objectifs communs. L'unité est ainsi le lieu de la réconciliation et de la paix. Nous devons réfléchir pour que nos différences culturelles soient les éléments d'un système politique adapté à nos cultures et capable de nous faire décoller économiquement.

Une objection peut être faite en disant que les communautés culturelles n'habitent pas la même province. Certes, on choisira chaque fois un lieu de rassemblement où devront se rencontrer les délégués de la diaspora de chaque communauté. Les Fangs l'ont fait à Mitzic en 1947. On peut encore le faire aujourd'hui.

C'est dans cette optique que Paul Mba Abessole s'est engagé en politique, car il n'est pas un professionnel de la politique. Il y est venu tout à fait accidentellement. C'était le 1er décembre 1981[99] avec l'arrestation des notables à Libreville qui avaient réclamé, à l'occasion d'une manifestation pacifique, la démocratisation de la vie politique dans notre pays.

Il avait juré que si on arrêtait un prêtre gabonais ou étranger, il se déciderait officiellement à prendre la parole. C'est ainsi qu'à la nouvelle de l'arrestation de l'Abbé Noël Ngwa Nguema, alors Directeur du Collège Bessieux, le 5 octobre 1982 que Paul Mba Abessole commençait à tenir un discours politique à travers une interview au Journal **La Croix**, interrogé par Julia Ficatier.

Prenez courage, combattants de la liberté, patriotes épris de démocratie et de justice sociale. Prends courage, peuple Gabonais, car l'heure du changement approche.

---

99 Alors qu'il était en train de terminer ses études à Paris

FIN

Bibliographie

Paul Mba Abessole : Biographie officielle (Gaboneco du dimanche 9 août 2009).

Gabon : Paul Mba Abessole se met en réserve de la République (Afrik.com du mardi 27 octobre 2009).

La retraite politique de Mba Abessole ne fait couler aucune larme (Retro) (Gabonactu du mardi 7 novembre 2017).

RPG : Les adieux du Père Paul Mba Abessole (Gabonreview du mercredi 25 octobre 2017).

Après 45 ans de combat, Paul Mba Abessole quitte l'arène politique (Gabonreview du dimanche 19 mars 2017).

Paul Mba Abessole libère officiellement la présidence de son parti (Agp du vendredi 12 janvier 2018).

Paul Mba Abessole passe la main au RPG et inaugure une période transition de 4 ans (Info241 du 12 janvier 2018).

Gabon : Paul Mba Abessole, l'indéracinable baobab du RPG (Jeune Afrique du 8 novembre 2017).

Dialogue politique : Paul Mba Abessole et les siens font le point (Gabonscoop du 6 juin 2017).

Gabon - Politique : La biométrie a été une vaste plaisanterie (Paul Mba Abessole) (GL9News.com du jeudi 16 janvier 2014).

Interview exclusive / Paul Mba Abessole dit toutes ses vérités

Le navire du Rassemblement Pour le Gabon de Paul Mba Abessole prendde l'eau (Koaci).

Albert Bernard Bongo, Paul Mba Abessole, Pierre Mamboundou: Triste camouflet d'une génération maudite (BDP du 22 février 2007).

Après l'appel de Paul Mba Abessole à renverser Ali Bongo Ondimba: Un général déchu, désespéré et sans troupe (Le Soleil du 19 février 2016).

Tout le mérite au père Paul Mba Abessole (Resistance241).

Paul Mba Abessole est-il un traitre? (Le blog de bikorafam du 11 juin 2010).

Gabon : Paul Mba Abessole, «Ali Bongo ne peut pas être élu président» (Gaboneco du 26 aout 2009).

Mba Abessole accepte de diriger la campagne de Bongo en 2005 (Panapress du 27 juin 2004).

Allocution de son excellence Paul Mba Abessole, 5e Vice-Président de l'Assemblée nationale à l'occasion de la 12e édition de la Journée internationale de la démocratie (Assemblée Nationale du 26 septembre 2013).

L'engagement politique du Père Mba en 1982 : «Bongo aura affaire à moi».

La longue marche de l'opposition gabonaise (Libération du 4 septembre 2016).

Crise politique : la contribution de Paul Mba Abessole (aLibreville du samedi 19 novembre 2016).

Gabon : Paul Mba Abessole tient-il sa chance ? (BDP du 12 Juillet 2009).

Paul Mba Abessole : plus près de la majorité que de l'opposition ? (BDP du 17 février 2010).

Paul Mba Abessole, un cadavre politique qui hante tous les esprits (Le blog de bikorafam du 29 juin 2011).

Gabon/Politique : La lettre du Père Paul Mba Abessole au peuple gabonais (Fait à Libreville du 17 septembre 2010).

Appel aux Gabonais : Rejetons l'alliance satanique entre Paul Mba Abessole et Omar Bongo (BDP du 26 avril 2004).

Paul Mba Abessole est-il en passe de gagner son combat ? (Le blog de bikorafam du 14 mai 2010).

Afrique Centrale: Bienvenue chez les fang... (zuedebomame du 29 Juin 2012).

Etre fang; Quelle bonne chose (zuedebomame du 20 Juin 2012).

Entretien avec Paul Mba Abessole, président du comité directeur du MORENA (Propos recueillis par F. Doey et J.-F. Bayard à Paris, le 2 mai 1983).

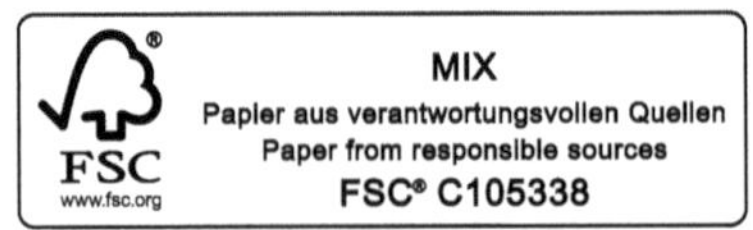

Printed by Books on Demand GmbH, Norderstedt / Germany